公路工程监理培训用书

Gongcheng Jindu Jianli

工程进度监理

（第三版）

中国交通建设监理协会　组织编写
交通运输部工程质量监督局　审　定
罗　娜　主　编

内 容 提 要

本书为公路工程监理培训用书之一，主要介绍了公路工程施工阶段进度监理的理论与方法。主要内容包括：公路工程施工组织原理和施工计划管理方法，工程进度监理的主要方法与网络计划技术，施工进度计划的编审内容及范例，进度计划的控制与工程延误的处理等。

本书主要作为公路工程监理人员培训用书、公路工程监理工程师过渡考试参考用书，也可供公路工程建设单位及监理单位技术及管理人员参考。

图书在版编目(CIP)数据

工程进度监理/中国交通建设监理协会组织编写. —3 版. —北京：人民交通出版社，2013.5
公路工程监理培训用书
ISBN 978-7-114-10638-5

Ⅰ.①工⋯ Ⅱ.①中⋯ Ⅲ.①道路施工—施工监理—技术培训—教材 Ⅳ.①U415.1

中国版本图书馆 CIP 数据核字(2013)第 106887 号

公路工程监理培训用书
书　　名：工程进度监理（第三版）
著　作　者：中国交通建设监理协会
责任编辑：孙　玺　刘永超
出版发行：人民交通出版社
地　　址：(100011)北京市朝阳区安定门外外馆斜街 3 号
网　　址：http://www.ccpress.com.cn
销售电话：(010)59757973
总　经　销：人民交通出版社发行部
经　　销：各地新华书店
印　　刷：北京盈盛恒通印刷有限公司
开　　本：787×1092　1/16
印　　张：10.75
字　　数：261 千
版　　次：1991 年 9 月 第 1 版　2007 年 3 月 第 2 版
　　　　　2013 年 5 月 第 3 版
印　　次：2018 年 7 月 第 7 次印刷
书　　号：ISBN 978-7-114-10638-5
定　　价：27.00元

(有印刷、装订质量问题的图书由本社负责调换)

《公路工程监理培训用书》编审委员会

主 任 委 员: 黄　勇

副主任委员: 翁优灵　周元超

编写委员会: (按姓氏笔画排序)

　　　　王　成　　王建平　　王晓明　　王富春　　史小丽
　　　　关　可　　朱文喜　　许宏科　　张艳杰　　李宇峙
　　　　杨玉胜　　陈忠达　　周科峰　　周　娴　　罗　娜
　　　　赵忠杰　　赵锋军　　原　驰　　秦仁杰　　袁志英
　　　　袁剑波　　郭云开　　梁华刚　　黄自力　　彭余华
　　　　蒋应军

审定委员会: (按姓氏笔画排序)

　　　　马文翰　　石勇民　　关长禄　　刘　君　　吕翠玲
　　　　邢凤歧　　吴梦军　　张翠兰　　顾新民　　樊见维
　　　　颜韶辉　　魏家根

序

交通运输行业是最早开展工程监理制度试点的行业之一，交通建设监理制度与项目法人责任制、招标投标制、合同管理制共同构成我国交通运输基础设施建设的"四项基本制度"。

为了提高公路水运工程监理人员的业务能力与水平，交通运输部工程质量监督局（原交通部基本建设质量监督总站）自1990年开始，组织行业内的有关高校编写了公路水运工程监理培训教材，并开展监理业务培训工作，到目前为止，先后有近20多万人参加培训，近7万人获得交通运输部颁发的公路水运工程监理工程师执业资格证书。作为交通建设监理队伍骨干的监理工程师和专业监理工程师，已经成为交通基础设施建设不可或缺的重要技术管理力量。

为满足公路水运工程建设监理业务教育培训需要，同时为参加交通运输部公路水运工程监理工程师过渡考试人员提供复习参考，中国交通建设监理协会组织相关专家学者对公路、水运工程监理培训教材（第二版）进行了修订完善。修订后的公路工程监理培训用书共分五册，分别是《监理概论》、《工程质量监理》、《工程进度监理》、《工程费用监理》和《合同管理》；水运工程监理培训用书共分六册，分别是《监理概论》、《质量控制》、《进度控制》、《费用控制》、《合同管理》和《机电设备控制》。

本套培训用书以我国公路水运工程建设实际和最新颁布的法规、标准、规范为依据，既注重工程监理基本理论、基本方法的阐述，又充分反映了工程建设管理和监理实践的发展与变化，同时兼顾了公路水运工程监理工程师过渡考试的相关要求，内容系统性与实践指导性并重，可满足广大公路水运工程监理人员学习及提高业务水平需要，同时也作为公路水运工程监理工程师过渡考试主要参考资料。

目前我国交通运输业正处于加快改革发展的重要战略机遇期，交通建设的持续发展,给广大立志从事工程建设监理事业的技术人员提供了更广阔的舞台,让我们不断提升自身业务素质与水平,进一步增强责任感与使命感,为交通基础设施建设的科学发展、安全发展做出新的贡献。

交通运输部工程质量监督局

2013年5月

前　　言

　　为满足公路工程建设需要，提高监理从业人员业务水平和现场工作能力，经交通运输部工程质量监督局同意，中国交通建设监理协会联合人民交通出版社于 2012 年 10 月 10 日在北京召开了《公路水运工程监理培训用书》修订工作会议，确定了编写大纲。在教材的修订过程中，编写人员吸纳教学过程中收集的意见和建议，结合公路工程建设实际和监理工作需要，力争体现国际和国内工程建设管理与工程监理领域的新理念、新方法、新进展，修订后的新教材经专家函审、编者修改、专家会审定后出版。

　　本教材是在公路工程监理培训教材《工程进度监理》(第二版)的基础上，进行修订完善而成。修订时，紧密围绕《交通运输部公路工程监理工程师过渡考试大纲》中有关工程进度监理的相关要求，基本涵盖了考试大纲中要求的全部考点，以便参加公路工程监理工程师过渡考试的人员复习参考。同时，针对培训中有关各方反映的意见和建议，对相应内容进行了修改与完善，使有关内容与现行的法规、监理规范及验收标准一致，从而更好地为工程进度监理人员开展工作提供有益参考。

　　本教材由长安大学罗娜主编，其中，第一、二、三、四、六章，由罗娜编写，第五章由长安大学王晓明编写。

　　本教材由交通运输部工程质量监督局组织审定，邢凤歧为主审，对本书的成稿和内容质量的提升提出许多建设性意见，在此向部工程质量监督局领导和主审专家表示衷心感谢！

　　限于编者的水平和经验，教材中谬误和疏漏之处在所难免，敬请读者批评指正。

编　者
2013 年 5 月

目 录

第一章 进度监理及施工组织概述 ... 1
- 第一节 进度监理的作用和任务 ... 1
- 第二节 公路工程施工组织方法和特点 ... 3
- 第三节 进度监理基本方法 ... 16
- 思考题 ... 23
- 练习题 ... 24

第二章 关键线路法（CPM） ... 25
- 第一节 双代号网络计划图的绘制 ... 25
- 第二节 时间参数的计算及关键线路 ... 34
- 第三节 时间坐标网络计划 ... 44
- 第四节 单代号网络计划与计算 ... 47
- 思考题 ... 55
- 练习题 ... 56

第三章 网络计划的优化 ... 61
- 第一节 网络计划的时间优化 ... 61
- 第二节 网络计划工期与成本优化 ... 65
- 第三节 网络计划的资源优化 ... 71
- 思考题 ... 80
- 练习题 ... 81

第四章 其他网络计划方法 ... 82
- 第一节 流水作业网络计划 ... 82
- 第二节 搭接网络计划 ... 87
- 第三节 计划评审方法 ... 96
- 思考题 ... 105
- 练习题 ... 105

第五章 进度计划的编审及范例 ... 107
- 第一节 进度计划的编制 ... 107
- 第二节 进度计划的审批 ... 109
- 第三节 进度计划编审范例 ... 112
- 思考题 ... 131

第六章 进度监理与延误处理 ... 133
- 第一节 进度监理与进度检查 ... 133
- 第二节 进度延误处理与计划调整 ... 145
- 思考题 ... 160

参考文献 ... 162

第一章 进度监理及施工组织概述

第一节 进度监理的作用和任务

一、进度监理

为了加强公路工程基本建设项目管理,合理控制工程质量、工期和费用,提高投资效益与工程管理水平,必须进行工程承包合同条件下的项目建设监理,即实施合同管理中的质量、工期、费用三大控制。工程进度是工程承包合同规定工期中施工活动的时间安排,因此,进度监理是履行工程承包合同的重要内容,工程进度涉及建设单位和施工单位的重大利益,是合同能否顺利执行的关键。为此,在工程进度监理中,一定要把计划进度与实际进度之间的差距作为进度控制的关键环节;除满足工期要求外,还应满足合同规定的工程质量及费用要求,从而达到高效、经济的工程施工目的。

二、工期、质量、费用三者的关系

工期是由工程项目从开工到竣工的一系列施工活动所需的持续时间之和构成的;工程质量是施工过程中生产出来的产品结果;工程费用则是施工过程中所产生的消耗。所以,工程项目施工过程中,工期、质量、费用三者构成了相互联系、相互制约的密切关系,其关系曲线如图 1-1 所示。

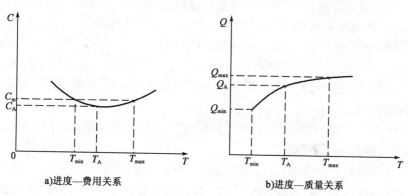

图 1-1 进度、质量与费用三者的关系

由图 1-1 可知,工程进度的加快与减慢对工程质量及费用都产生直接影响。设 T_A 为正常工期,其质量 Q_A 也正常,此时费用 C_A 最低;当放慢施工进度,即 $T > T_A$ 时,费用也上升,而质量有可能提高；当加快施工进度，即 $T<T_A$ 时，费用仍然增加，而质量有可能下降。因此，工程进度监理不仅仅是单纯进度计划管理和时间控制问题，而且还要同时考虑工程质量的好坏及工程费用消耗的高低问题。

三、进度监理的作用

目前，我国要求列入基本建设计划的公路工程项目必须实行监理制度，这些公路工程项目的特点是投资大和建设周期长。大型公路工程项目投资常常十几亿元到上百亿元，建设周期往往长达几年，因而很有必要实施项目进度监理，使其尽可能按预定工期完成，力争早日通车而获取较大的投资效益。因此，可以说进度监理的作用就是在考虑了工程施工管理的三个因素(工期、施工质量和经济性)的同时，针对工程施工的全过程，通过计划、组织、协调、检查与调整等手段，调动一切积极因素，努力实现施工过程中的各个阶段目标，从而确保总的工期目标的实现。

实行工程进度监理的作用主要表现在：

(1)合理控制工期、质量和费用，使项目管理达到综合优化；

(2)通过审查施工进度计划及控制实际进度与计划进度差异情况，从而完善施工进度计划管理；

(3)除充分考虑时间控制问题外，同时还考虑劳动力、材料、施工机具设备等所必需的施工资源问题，使其最有效、合理、经济地配置与利用；

(4)通过计划、组织、协调、检查与调整等手段，调动施工活动中的一切积极因素，努力实现施工过程中各个阶段的进度目标，以确保工程施工全过程的总工期目标的实现。

四、进度监理的任务与控制目标

1. 进度监理的主要任务

与进度有关的单位很多，但影响最大的单位是施工单位、监理单位及建设单位，所以参与项目管理的三方只有大力配合，才能确保工程进度的合理控制，保证总工期目标的实现。

(1)施工单位的任务是编制施工进度计划，并在计划执行过程中，通过实际进度与计划进度的比较，定期地、经常地检查和调整施工进度计划。

(2)监理工程师的任务是审批施工单位编制的施工进度计划，并对批准的施工进度计划执行情况进行监督，从全局出发控制实际进度与计划进度的差距，根据差距情况及时发布调整施工进度计划的指令。

(3)建设单位则应按工程承包合同要求及时提供施工场地和图纸，并尽可能地改善施工环境，为工程施工顺利进行开创条件。

编制进度计划是对进度计划进行控制的前提，没有计划，就谈不上控制。对进度计划的控制就是将实际值与计划值进行比较，找出其间的偏差，然后进行调整。编制施工进度计划，就是确定一个控制工期的计划值，因此，编制施工进度计划就是工程进度监理的第一任务。

2. 施工过程中各阶段的进度控制目标

施工过程一般包括三个阶段，即编制计划、执行检查、调整计划；各个阶段进度控制的目标分别为:计划工期、偏差情况、调整内容。

编制施工进度计划阶段,进度控制的目标是确定一个合理的计划工期。在施工单位编制及监理工程师审批施工进度计划时,计划工期的确定应依据以下资料:

(1)本工程项目的工程承包合同中有关工期的规定,是确定计划工期的基本依据;合同规定的工程开工、竣工日期,必须通过进度计划落到实处。

(2)材料和设备的供应计划,如果已经编制了材料和设备的供应计划,那么施工进度计划必须与其相协调。

(3)已建成的同类工程或相似项目的实际工程进度情况是编制本项目施工进度计划的重要参考资料。

(4)投标书中确定的项目施工方案及工程进度计划。

(5)施工单位的施工人员技术素质及其机具设备能力。

(6)施工现场的特殊环境及其气候条件等。

具体制定施工进度计划时,应根据上述资料编制,并对其进行优化后,方可予以实施。

在实施施工进度计划的过程中,总是希望实际进度按计划进度执行,直到工程项目按计划工期完成。但工程实际中,计划的不变是相对的,实际进度的改变是绝对的。因为在拟定施工进度计划时,不可能把施工中所有可能出现的情况都考虑进去,而且施工过程中由于自然条件等因素的影响,打破原有施工进度计划是司空见惯的事情,尤其是公路工程项目施工在露天进行,受气候影响严重。因此,公路工程施工过程中,进度计划不可能完全按原计划执行,其实际进度与计划进度经常出现差距。监理工程师在实施进度监理时,就要随时掌握实际值与计划值的偏差情况,并作出合理的施工进度计划调整。

在施工进度计划开始实施以后,监理工程师必须经常评估和监督进度计划的实际执行情况;如果出现工期延误及实际进度的其他变化,则应将执行中的进度计划予以部分或全部修改与调整。调整的工作内容及调整期限,应依据工程项目实际情况确定。调整进度计划的目的是使其符合变化了的实际情况,以保证施工进度计划的顺利实现。

第二节 公路工程施工组织方法和特点

一、施工过程及其组织原则

1. 施工过程

施工过程就是施工中出产品的过程,也是劳动力利用劳动工具作用于劳动对象,按照预定的目标完成社会所需的公路工程产品的过程。施工过程由一系列相联系的施工活动组成,为了合理地组织施工生产,必须了解施工过程的内容。

施工过程的基本内容包括劳动过程和自然过程,公路工程系野外施工作业,是劳动过程和自然过程的结合。因此,公路工程施工组织不仅要考虑劳动生产过程,而且还要考虑自然因素对施工产生的影响。

根据施工过程所需的劳动资料及其对产品所起的作用,将公路工程施工过程划分为施工准备过程、施工生产过程、辅助工程及临时工程施工过程、服务施工过程。

2. 施工过程中的层次划分

单位、分部及分项工程施工中,按施工工艺的特点和施工组织的要求,可将施工过程进一步分解为操作过程、工序、操作、动作等层次。

(1) 动作与操作

动作是指工人在劳动时一次完成的最基本的生产活动。若干个相互关联的动作就组成操作。如"钢筋除锈"这一操作,由拿起钢筋、插入沙盘、来回拖拉、取出钢筋等有关的动作组成。动作和操作并不能完成产品,在技术上也不能独立存在,但它们是制订定额的重要原始资料。

(2) 工序

工序是指在劳动组织上不可分,施工技术相同的施工过程,它由若干个操作组成。如"水泥混凝土路面面层"就由安装模板、安置钢筋、混凝土摊铺、切缝、养生等工序组成。其中,"混凝土摊铺"这一工序就由拌和混凝土、运输混凝土、摊铺、振捣、抹平等操作组成。施工组织往往以工序为对象。

(3) 操作过程

操作过程是由几个在技术上相互关联的工序组成,可以相对地独立完成某一种细部工程,上述"混凝土面层"就是一例。对整个路面工程而言,包括路槽、路肩、垫层、基层、面层等操作过程。

3. 施工组织研究对象及其任务

公路工程施工组织与其他建筑工程施工组织一样,涉及劳动力、材料、施工机具设备、资金,以及施工方法、政策法规、公共关系等诸方面的问题。因此,施工组织的主要研究对象是:施工过程中的时间问题,即施工进度计划编制;空间问题,即组织管理机构及场地布置;资源问题,即劳动力、材料、机具设备等的供应;经济问题,即工程造价、工程成本控制及资金合理利用等。

公路工程施工组织的基本任务是,密切结合我国现行经济政策,充分考虑公路工程施工特点,运用科学的方法和手段组织施工,合理地安排施工过程中劳动力、材料、机具设备、资金、进度、工期等要素,以提高施工单位的经济效益为中心,使施工工期短、占用资金少、生产效率高、工程质量好,保证按合同工期完成项目施工,实现有计划、有组织、有秩序地进行项目施工管理,达到项目施工的整体效益最佳。

4. 公路施工过程的组织原则

影响施工过程组织的因素很多,如施工性质、施工类型、机械设备条件、施工规模大小、自然条件等,因而施工过程组织变化因素多,困难较大。尽管如此,还是应当尽力合理组织施工过程,其原则可归纳如下。

(1) 连续性原则

施工过程的连续性是指施工过程各阶段、各工序的进行,在时间上是紧密衔接的,不发生各种不合理的中断。如在施工中,施工的对象——土路基、构造物等始终处于被加工,或在进行检验,或处于自然过程中。保持和提高施工过程的连续性,具有很大的经济意义,它可以缩短建设周期,节约流动资金,避免不必要的等待及窝工,从而提高劳动生产率。施工过程的连续性,与生产技术水平有关,采用先进的科学技术,提高机械化、自动化水平,就比较容易实现连续性;同时,它还与施工组织工作的水平有关,施工组织得好,采用先进的施工组织形式,就能提高连续性,相反就会影响施工过程的连续性。

(2)协调性原则

施工过程的协调性,是指施工各阶段、各工序之间在施工能力上要保持一定的比例关系,各施工环节的劳动力、生产效率、设备数量等都必须互相协调,不发生脱节和比例失调的现象。具有协调性的施工组织,可以充分利用整个施工过程中的人力和设备,避免在各个施工阶段和工序之间出现停顿和等待,所以可缩短施工周期。施工过程的协调性在很大程度上取决于施工组织设计的正确性。在施工过程中,由于各方面因素的影响,施工过程各个环节之间的实际施工能力的比例也会发生变化,因此,施工组织工作必须根据变化了的情况,采取措施及时调整各种比例关系,保证施工过程的协调性。

(3)均衡性原则

施工过程的均衡性是指施工中的各个环节都应按照施工计划的要求,在一定的时间内完成相等或相等递增数量的工作量,使各工段的负荷保持相对稳定,不发生时紧时松、前松后紧等现象。均衡施工能充分利用机械设备和工时,避免由于突击赶工所造成的损失,因而有利于保证施工质量和劳动力、机械设备的调配。

(4)经济性原则

施工过程的经济性是指施工过程组织除应满足技术要求外,还必须讲求经济效益,要用尽可能小的劳动消耗取得尽可能大的施工生产成果。施工组织的根本在于尽可能降低工程造价,而又不影响工程的进度和质量,所以连续性、协调性和均衡性这3项原则最终要以是否经济可靠来作为衡量的标准。

上述4个方面在合理组织施工过程中是相互制约、互为条件的,在进行施工组织时,必须保证全面符合上述4个方面的要求,不可有所偏废。

二、施工组织方法及其特点

1. 公路工程施工生产类型

公路工程施工生产类型既可按产品特点和工艺特点划分,也可按产品生产的重复性划分。前者可分为建筑性施工生产与加工装配性施工生产,建筑性生产也叫固定性施工生产,装配性施工生产又称为流动性施工生产;后者可分为大量生产、成批生产及单件生产。

公路工程呈线性分布,工作面狭长,具有固定性和分散性双重特点。公路沿线路基工程的工程量分布极不均匀,既有集中性的高路堤、深路堑、大型挡土墙等,又有分散性的沿线土石方等;路面工程为线性分布;大中桥、通道、立体交叉及隧道工程则属于集中性工程;小桥涵工程数量较多,有集中性特点,也有沿线分布特点。因此,公路工程施工生产基本属于建筑性施工生产,也同时存在着结构物的加工装配性施工生产,主要是单件生产,少量的为成批生产。所以公路工程可以采用不同的施工组织方法。

2. 施工组织的基本方法

公路工程施工组织的方法很多,其基本方法可归纳为顺序作业法、平行作业法和流水作业法三种。

(1) 顺序作业法

顺序作业就是按固定的程序组织施工。有客观要求的工艺流程和施工顺序必须按先后次序进行顺序作业；也有人为施工组织安排的各工程项目之间的顺序作业。后者才是施工组织的顺序作业法，即当若干个工程项目由一个作业班按照一定的顺序，依次完成全部工程项目的作业方法称为顺序作业法。例如，某路段有3座同类型的涵洞，由一个施工班组依次完成第一、第二、第三座涵洞，此时的施工组织安排就是顺序作业法，其工期可用下列公式计算。

① 假设每一道工序的持续时间为 t_i，某工程项目有 n 道工序，则该工程项目的施工期限 t 为：

$$t = t_1 + t_2 + \cdots + t_n = \sum_{i=1}^{n} t_i \tag{1-1}$$

② 设施工段的数目为 m，则完成全部施工任务的总工期 T 等于各工程项目施工期限之和：

$$T = \sum_{i=1}^{n_1} t_{i,1} + \sum_{i=1}^{n_2} t_{i,2} + \cdots + \sum_{i=1}^{n_m} t_{i,m} = \sum_{j=1}^{m} \sum_{i=1}^{n} t_{i,j} \tag{1-2}$$

式中：t_{ij}——第 j 项工程的第 i 道工序的施工持续时间。

显然，这种顺序施工法用于工序相同的多个工程段的施工作业安排是不合适的。其缺点为：整个工期长，专业队施工不连续，造成窝工现象，大部分施工段上的工作面空闲，不能充分利用工作面。

(2) 平行作业法

当有若干个工程项目，或者将工程项目划分为几个施工段或几个作业点时，建立若干个施工班组，分别同时按工艺顺序施工的作业方法。例如，上述3座涵洞，同时建立3个作业班组，同时按涵洞施工顺序开工的施工组织则是平行作业法，其工期的计算可按下列公式进行。

① 假设每一道工序的持续时间为 t_i，某工程项目有 n 道工序，则该工程项目的施工期限 t 为：

$$t = t_1 + t_2 + \cdots + t_n = \sum_{i=1}^{n} t_i \tag{1-3}$$

② 设施工段数目为 m，则完成全部施工任务的总工期 T，就是施工时间最长的施工项目的施工期限 t，即：

$$T = \max\{t\}$$

平行作业法与顺序作业法比较，虽然整个工期缩短，工作面也得到充分利用，但是劳动力、施工机具是顺序作业法的 m 倍，而且专业队施工也是不连续的。

(3) 流水作业法

当有若干个工程项目或将工程项目划分为几个施工段时，再将它们按不同的工作内容划分为若干道工序或施工过程，依据工序或施工过程数建立专业班组，由各专业班组依照施工顺序完成各个施工段上的施工过程，即按相同的工序顺序进行，不同的工序平行进行的一种作业方法称为流水作业法。例如，上述3座涵洞都可分解为挖基坑、砌基础、砌涵台、上部安装4道工序，分别建立4个专业班组，依次在各座涵洞上完成各自的工序则为流水作业施工组织。

下面举例说明并比较3种基本作业方法的特点。例如，某路段需要修建同一类型的4座小桥，每座桥的施工过程可分解为挖基坑、砌基础、砌桥台、安装上部4道工序。为了简化起见,例题中的比较范围仅限于施工工期和劳动力用量之间的关系,并假定4座小桥上每道工序所需的持续时间固定不变,且均为5d,由此绘制的顺序作业法、平行作业法及流水作业法的施工进度横道图和劳动力需要量调配图,如图1-2所示。

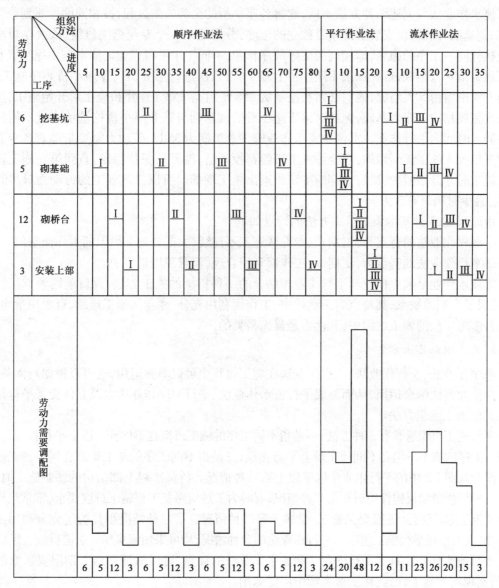

图1-2 3种作业方法施工进度及劳力调配图
(图注:4座桥用Ⅰ、Ⅱ、Ⅲ、Ⅳ表示)

由图1-2可以看出,顺序作业是4座小桥按先后顺序进行施工,第Ⅱ座小桥的施工,必须待第Ⅰ座小桥全部完工后才能进行,同理依次进行第Ⅲ、第Ⅳ座小桥施工。各座小桥的施工期限均为20d,所以4座小桥的总工期为80d;投入施工中的劳动力用量最多时为12人,最少时只有3人。

平行作业法是将4座小桥看作4个独立的项目,配以4组相等的劳动力同时开工。此时施工总工期不因施工对象数目的多少而变化,只取决于某座小桥的施工期限(若各座小桥施工期限不等时,应取施工期限最长的小桥作为平行作业的总工期)。本例中平行作业总工期为20d,但所需的劳动力却按施工对象成倍增加,最多时为48人,最少时为12人。

流水作业法与上述两种方法不同,它将各座小桥的全部施工过程,按相同的性质划分为挖基坑、砌基础、砌桥台、安装上部4道独立的工序,分别建立4个专业施工班组,依次在每座小桥上执行同一工序的施工,即相同的工序顺序作业,不同工序平行作业。如本例中挖基坑专业施工班组由6人组成,首先在第Ⅰ座小桥上施工,再依次进行第Ⅱ、Ⅲ、Ⅳ座小桥顺序施工;砌基础专业班组由5人组成,他们必须在挖基坑专业班组完成第Ⅰ座小桥施工后开始施工,然后也依次完成相同工序砌基础,但此时第Ⅰ座小桥的砌基础与第Ⅱ座小桥挖基坑两道不同的工序在同一时间内平行作业。本例中流水作业施工总工期为35d。劳动力需要量随着各专业班组的先后投入施工逐渐增加,当全部施工班组都投入后,就开始保持稳定,直到第一施工班组退出施工时才开始减少,最后全部施工班组退出施工现场。所以投入施工的劳动力最多时为26人,最少时则只有3人。

由此可见,3种基本施工组织方法的特点如下。

①顺序作业法的特点为:工期长、专业队施工不连续、大部分施工段上的工作面空闲。

②平行作业法的特点为:工期短、工作面利用合理,但资源用量集中。

③流水作业是顺序作业和平行作业相结合的一种搭接的施工方法,保留前两种方法的优点,克服了它们的缺点,其特点为工期适中、工作面利用充分,专业队施工连续、资源用量均衡,在进行多施工段的施工组织中,其优点是显而易见的。

3. 施工组织其他方法

顺序作业法、平行作业法、流水作业法在施工过程中可以单独运用,也可以根据具体条件,将3种作业方法综合运用,从而形成平行流水作业法、平行顺序作业法以及立体交叉平行作业法等其他施工组织方法。

平行施工组织通常有3种方法,一是指不同工序的施工班组在不同施工段上平行作业;二是指同一工序的施工班组在不同施工段上平行作业;三是指不同工序的施工班组在同一施工段上平行作业。图1-2中的平行作业法属于以上第一种情况。桥梁工程上部结构的预制施工时,各台座上平行预制梁板构件则属于第二种情况;有时为了适应路基工程施工进度要求,常常组织几个路基施工组,同时并进或交叉施工,也属于第二种情况。第三种情况则是为了充分利用工作面,而出现的搭接平行施工情况。平行作业法的3种情况,均可采用流水作业法进行施工组织。

平行流水作业法具有平行作业法和流水作业法的优点,可以保证在施工期限要求紧的条件下,实现均衡施工,因此在工程实际中广泛运用。

平行顺序作业法实质是用增加资源供应来达到缩短工期的目的,使顺序作业法和平行作业法的缺点更加突出,所以仅适用于必须突击赶工的施工情况。

立体交叉平行流水作业法适用于大型结构物的施工,例如大桥工程、立体交叉工程等工序数很多,工程量大且特别集中,而施工作业平面又较小,按一般施工组织安排施工需要很长的工期。为了充分利用有限的作业面,在平行流水作业的基础上,采用上、下、左、右全面施工的方法,从而达到缩短工期的目的。

综上所述,公路工程施工中,主要的施工组织方法是流水作业法,下面简要介绍流水作业的施工组织原理。

三、流水施工组织原理

1. 流水作业参数的确定与计算

流水作业参数有空间参数、工艺参数、时间参数,以此表达空间和时间展开情况。

(1) 空间参数的确定

空间参数有施工段(m)和工作面(A)两种。施工段的划分,一种是自然形成的,如几座桥、几个构件等;另一种是人为划分的,如路面工程分为若干施工段。施工段的数目过多会引起资源集中,数目划分过少会拖延工期。一般要求施工段数目大于或等于工序数(或专业队数),以利于同一时间能进入工作面流水作业。

工作面大小要求紧前工序结束后能为紧后工序提供工作面,且应满足施工技术规范和安全操作规程的要求。

(2) 工艺参数的确定

工艺参数包括工序数(n)和流水能力(v)。工序数的划分应与工程项目及施工组织分工相适应,对简单的施工过程,工序可划分得少些,对技术复杂的施工过程,工序可划分得多些。工序划分应使各道工序的持续时间相差不致太大,以便专业施工队分工比较合理。

单位时间完成的工程数量称为流水能力。流水能力等于专业施工队的工人数或机械台数与产量定额的乘积。

(3) 时间参数的计算

时间参数分为流水节拍(t_i)和流水步距(K)。流水节拍是指某道工序在施工段上完成工序操作的持续时间,其计算方法如下。

① 根据施工单位投入的劳动力或机械数量计算,其算式为:

$$t_i = \frac{Q_i}{S_i R_i} = \frac{P_i}{R_i} \tag{1-4}$$

式中:Q_i——某施工段上第 i 道工序的工程量;

S_i——该工序施工操作中每工日或每台班产量;

R_i——施工班组人数或施工机械台数;

P_i——该工序所需的劳动量(工日数或台班数)。

上式计算结果应取整天数或 0.5d 的整数倍,以利于施工作业安排。

② 根据合同分解的阶段工期要求确定,其计算公式为:

$$t_i = \frac{T_e - \sum t_g}{m + n - 1} \tag{1-5}$$

式中:T_e——流水施工项目的合同分解工期;

$\sum t_g$——工序间停顿时间之和;

m——施工段数;

n——工序数。

③ 根据有关定额和施工经验或实际的劳动生产率确定。

(4) 流水步距的计算

流水步距是指相邻专业施工队相继投入同一施工段开始操作的时间间隔。流水步距的大小直接关系到施工中的连续性。流水步距 K 是对一个工程项目而言,所以有多个流水步距,它和工序数 n 存在这样的关系:流水步距数 = 工序数 − 1。

确定流水步距的根本目的,是保证专业施工队进入流水线后,能连续不断地依次完成所有施工段的工程量,直到退出流水线为止,并使相邻专业施工队时间搭接紧凑、严密,施工组织合理,工期短。确定流水步距的要求为:

① 始终保持两相邻施工工序的先后工艺顺序;
② 保证各专业施工队连续、均衡有序的施工,而工作面则允许有一定的空闲;
③ 保证专业施工队连续施工的同时,还要使工程的工期最短,必须使前后两工序在施工时间上保持最大搭接,以此确定出最小流水步距。

其计算方法可按"累计数列错位相减取大差法"进行,即:采用相邻两施工工序在每个施工段的持续时间(即流水节拍)累加数列错位相减,取最大值作为流水步距的方法。具体计算步骤为:首先将相邻两道工序的流水节拍分别累计得到两个数列;然后将后一工序的累计数列向后错一位与前一工序累计数列对齐相减得到第三个数列;最后从第三个数列中取最大的正值即为流水步距。

2. 流水作业分类及工期计算

流水作业按其参数的特性可分为有节拍流水作业和无节拍流水作业两大类。前者指相同的工序在各个施工段的流水节拍相等,但是不同工序的流水节拍相互之间不完全相等;后者不仅不同工序的流水节拍不完全相等,而且相同工序的流水节拍也不完全相等。

(1) 有节拍流水作业工期计算

有节拍流水可分为稳定流水、分别流水和成倍节拍流水。各种作业的特点及工期计算方法如下:

① 稳定流水也称为全等节拍流水,是指各道工序的流水节拍在各个施工段上完全相等,且工序之间的流水节拍也完全相等。其特点为:$t_i = K_{i,i+1}$ = 常数。其工期计算式为:

$$\begin{aligned} T &= \sum K + T_n + \sum t_g \\ &= (n-1)t_i + mt_i + \sum t_g \\ &= (m+n-1)t_i + \sum t_g \end{aligned} \tag{1-6}$$

式中:T——全等节拍流水施工的工期;

T_n——末道工序完成各个施工段上流水节拍之和;

$\sum t_g$——工序间停顿时间之和;

m、n 的意义同前。

② 分别流水是指各道工序本身的流水节拍在各个施工段上相等,不同工序之间的流水节拍相互不完全相等,其特点是,$t_i \neq t_{i+1}$,流水步距 $K_{i,i+1}$ 是一个变数。其施工工期 T 的计算公式为:

$$\begin{aligned} T &= \sum K + T_n + \sum t_g \\ &= \sum K + \sum t_g + mt_n \end{aligned} \tag{1-7}$$

当 $t_i \leq t_{i+1}$ 时:

$$K_{i,i+1} = t_i + t_g \tag{1-8}$$

当 $t_i > t_{i+1}$ 时：

$$K_{i,i+1} = mt_i - (m-1)t_{i+1} + t_g \tag{1-9}$$

式中：t_n——末道工序的流水节拍；

其他符号意义同前。

③成倍节拍的流水作业是指工序本身的流水节拍在各个施工段上完全相等，工序之间的流水节拍相互成倍数关系，显然它是分别流水作业的特例。其施工工期的计算步骤为：计算各道工序流水节拍的最大公约数 K，也称为公共流水步距；求各道工序所需的专业队数 b_i（$b_i = t_i/K$）；把专业队总数 $\sum b_i$ 看成工序数 n，即 $n = \sum b_i$，并将 K 看成流水步距；按全等节拍流水计算工期。工期 T 的计算公式为：

$$T = (m + \sum b_i - 1)K + \sum t_g \tag{1-10}$$

(2) 无节拍流水作业工期计算

相同工序在各个施工段上的流水节拍不完全相等，各工序之间的流水节拍也不完全相等，也不成一定的比例关系。这种流水作业方法比较切合公路工程施工实际情况。其施工工期计算公式为：

$$T = \sum K + T_n + \sum t_g \tag{1-11}$$

下面举例说明无节拍流水工期计算方法。某工程项目划分为 4 个施工段（Ⅰ、Ⅱ、Ⅲ、Ⅳ）和 3 道施工工序（A、B、C），各工序在各个施工段上的流水节拍如表 1-1 所示，试组织流水作业。

各工序在施工段上的流水节拍　　　　　　　　　　　表 1-1

施工工序	施工段上的流水节拍（工序持续时间）(d)			
	Ⅰ	Ⅱ	Ⅲ	Ⅳ
A	3	4	4	5
B	3	3	2	2
C	2	2	3	3

由表 1-1 知，$m = 4$，$n = 3$；流水步距 K_{AB}、K_{BC} 按"累计数列错位相减取大差法"计算，即 K_{AB} 为：

```
    3,  7, 11, 16
-)      3,  6,  8, 10
    3,  4,  5,  8, -10
```

$K_{AB} = 8d$。

```
    3,  6,  8, 10,
-)      2,  4,  7, 10
    3,  4,  4,  3, -10
```

$K_{BC} = 4d$。

工期 $T = \sum K + T_n + \sum t_g$
$\quad = (8 + 4) + (2 + 2 + 3 + 3) + 0$
$\quad = 22d$

由 $T = 22d$、$K_{AB} = 8d$、$K_{BC} = 4d$，以及各道工序在各个施工段上的持续时间，可绘出流水施工进度横道图,如图1-3 所示。

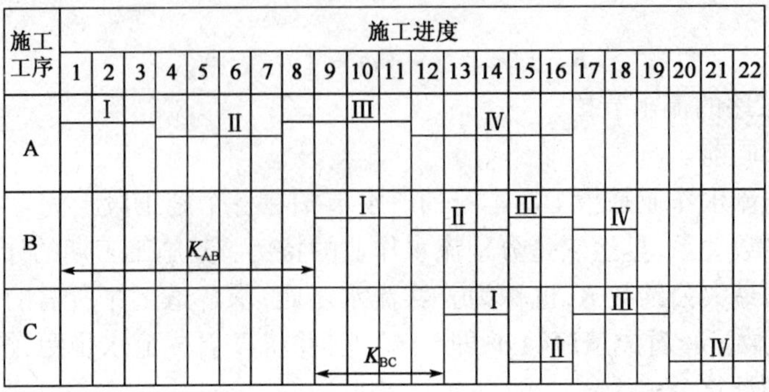

图1-3 某工程项目流水施工进度横道图

3. 流水施工组织原则及应用举例

（1）流水作业的原理

流水作业的实质是,同时容纳公路工程不同专业队伍在不同的位置上进行平行施工生产或顺序施工,而且施工过程具有鲜明的连续性、均衡性和节奏性,它与工业生产的流水作业根本差别在于产品固定不动、劳动力和建筑材料及施工机具则按一定的顺序流动。

流水作业的效益具体表现在施工连续、进度加快、工期缩短,由于专业化程度提高,不仅保证了质量,而且提高了劳动生产率;又由于资源供应均衡,降低了工程成本。因此,公路工程施工组织应尽可能采用流水作业法。

（2）流水施工组织原则

①根据工程项目对象划分施工段;
②划分工序并编工艺流程,且按工艺原则建立专业班组;
③各专业班组依次、连续进入各个施工段,完成同类工种的作业;
④计算或确定流水作业参数;
⑤相邻施工段及相邻工序尽可能衔接紧密。

（3）工程应用举例

某路段有4座相同性质的通道工程,其施工过程均可分解为4道工序,即挖基坑A、砌基础B、浇筑墙身C、安装盖板D各道工序在各座通道上的持续时间（流水节拍）见表1-2,试按一、二、三、四自然顺序和四、二、一、三顺序施工时,分别组织流水作业。

各道工序在各座通道上的持续时间　　　表1-2

施工段 m 流水节拍 t 工序 n	一	二	三	四
A	3	4	3	2
B	5	6	4	5
C	6	5	4	6
D	3	2	2	3

根据上述流水施工组织原则,施工段数 $m=4$,工序数 $n=4$,然后根据施工组织顺序分别计算相邻工序之间的流水步距 K,最后计算其总工期 T 并绘制施工进度横道图。

①按一、二、三、四自然顺序组织流水作业时:

K_{AB}:

$$
\begin{array}{rrrrr}
 & 3, & 7, & 10, & 12 \\
-) & & 5, & 11, & 15, & 20 \\
\hline
 & 3, & 2, & -1, & -3, & -20
\end{array}
$$

$K_{AB}=3$。

K_{BC}:

$$
\begin{array}{rrrrr}
 & 5, & 11, & 15, & 20 \\
-) & & 6, & 11, & 15, & 21 \\
\hline
 & 5, & 5, & 4, & 5, & -21
\end{array}
$$

$K_{BC}=5$。

K_{CD}:

$$
\begin{array}{rrrrr}
 & 6, & 11, & 15, & 21 \\
-) & & 3, & 5, & 7, & 10 \\
\hline
 & 6, & 7, & 10, & 14, & -10
\end{array}
$$

$K_{CD}=14$。

$$T = (K_{AB}+K_{BC}+K_{CD})+T_n+\sum t_g$$
$$= (3+5+14)+(3+2+2+3)+0$$
$$= 32$$

由 $T=32$ 和 $K_{AB}=3$、$K_{BC}=5$、$K_{CD}=14$,按图 1-3 方法即可绘制流水作业施工进度横道图(绘制图形略)。

②按四、二、一、三顺序组织流水施工时,应按其顺序重新列于表1-3。

调整后的各道工序在通道上的持续时间   表1-3

施工段 m 流水节拍 t 工序 n	四	二	一	三
A	2	4	3	3
B	5	6	5	4
C	6	5	6	4
D	3	2	3	2

此时 K_{AB} 为:

$$
\begin{array}{rrrrr}
 & 2, & 6, & 9, & 12 \\
-) & & 5, & 11, & 16, & 20 \\
\hline
 & 2, & 1, & -2, & -4, & -20
\end{array}
$$

$K_{AB}=2$,同理 $K_{BC}=5$,$K_{CD}=13$。
$$T = (2+5+13) + (3+2+3+2) = 30$$
其流水施工进度横道图略。

由上述示例可以看出,施工段的组织次序不同,其施工进度的总工期可能不同,在无特殊顺序要求的条件下,应以总工期最短作为组织施工段顺序的依据。

四、施工计划管理

1. 施工计划管理的含义与要求

公路工程的施工生产是劳动过程和自然过程的结合,受自然条件的影响很大,使其施工组织、施工程序及施工工艺因实施条件的变化而应相应地进行调整与改变。因此公路工程施工计划管理非常复杂,任何计划不周全或厌其烦而草率从事的施工计划,均会给项目施工管理带来困难,所以应予以足够的重视。

施工计划管理是通过计划把施工单位施工项目管理的各项工作组织起来,以施工生产活动为主体,制订各项专业性计划,并对其进行平衡、协调、监督与控制。

施工计划管理的具体做法是,首先编制一个完整的项目施工管理计划,使施工单位的各项施工管理都纳入计划,并进行综合平衡与协调;其次在施工计划执行过程中,加强检查、监督与控制,尽量保证计划实施中按原计划进行;最后调整计划,计划实施过程中因具体情况的改变,必须对原计划进行必要的调整,以适应变化了的情况。

公路工程施工计划管理具有下列特点:

(1)计划的被动性。施工任务来源于工程招标市场,施工单位每年有多少任务,其性质和规模的大小均很难确定,在投标过程编制施工计划时间紧,很被动。要想改变被动局面,必须做好招标工程任务的跟踪,做些事先研究和信息资料的搜集工作,从而提高施工计划的编制质量。

(2)计划的多变性。公路工程项目的多样性、结构工程的复杂性及施工条件的差异性,造成施工中不可预见的因素较多;工程施工现场的分散使劳动力、材料及施工机具设备处于流动供应状态;同时受建设单位、监理及其他有关单位的影响等,这些因素均会使施工计划有所变化。这种多变性,要求编制施工计划时,要留有一定的调整余地。

(3)计划的不均衡性。公路工程结构特点及不同工程部位的施工性质,以及不同季节的影响,都会造成施工计划的不均衡性。为此,要求编制施工计划时力求均衡,以便取得较好的经济效益。

针对上述特点,对施工计划管理提出以下要求:
(1)科学地预测工程招标市场,确定合理的计划管理目标;
(2)承包签约的项目以合同工期为目标,倒排或正排施工计划;
(3)施工计划管理时既要保证重点工程,又要协调兼顾一般项目;
(4)施工方案、施工工艺及施工顺序均应合理安排;
(5)力求各项工程的施工计划均衡、紧密配合,还应留有一定的调整余地,以适应施工中实际变化的情况;

(6)项目施工管理中的各项工作在计划编制上要紧密衔接。

2. 施工计划管理的任务与作用

施工计划管理的主要任务是：努力完成工程任务招揽计划；确保项目施工按合同工期要求交工及竣工验收；合理利用有限的人力、物力和财力，最大限度地挖掘施工中的潜力；施工计划安排要结合工程任务的多少和工程规模的大小及工地现场分布情况进行统筹计划，使其发挥最大的经济效益；施工计划安排应适当，既不能太紧、也不能太松，计划太紧造成无法完成，计划太松则不能发挥施工效率。

施工计划管理的作用具体表现在：

(1)通过计划向各级施工组织机构下达任务，明确各自的奋斗目标，调动全体职工的积极性；

(2)为材料、劳资、设备等专业部门编制材料供应计划、劳动力需要量计划、施工机具设备用量计划等提供可靠性数据；

(3)项目施工准备工作根据施工计划进行，保证项目正常开工；

(4)项目施工实施过程中各专业部门按施工计划运作，确保项目工期按时完成；

(5)可以促使各职能部门开展劳动竞赛，挖掘施工潜力，提高项目施工管理水平。

3. 施工计划管理的工作程序

公路工程的施工计划管理是项目施工管理的中心环节，其他一切施工现场管理工作，都应围绕施工计划管理开展。

施工计划管理的工作程序为：施工计划的编制、计划的执行检查、计划的调整等循环进行。

(1)编制施工计划

编制施工计划的基础是施工定额，根据我国现行的施工监理规范，施工进度计划的内容包括总体进度计划、年度进度计划、月(季)度进度计划及关键工程进度计划等。同时要求施工单位编制进度计划，监理工程师审批进度计划。进度计划一般用横道图、斜条图及进度曲线等方式表达；对于高等级公路及大型工程项目，还应采用网络图表示。横道图、斜条图及进度曲线将在本章第三节介绍，网络图在第二章、第三章、第四章分别介绍，进度计划的编制及其详细内容将在第五章叙述。

(2)计划执行检查

施工单位实施计划时必须对照原计划进行检查，驻地监理工程师对进度计划实施予以合理监控，尽量保证实施进度符合原计划安排。在工程实施期间，如果实际进度与计划进度基本相符时，监理工程师不应干预施工单位对进度计划的执行，但应及时掌握影响和妨碍工程进展的不利因素，促使工程按计划进行。

(3)计划的调整

监理工程师发现工程现场的组织安排、施工顺序或人力和设备与计划进度上的方案有较大不一致时，应要求施工单位对原工程进度计划及现金流动计划予以调整，调整后的工程进度计划应符合工程现场实际情况，并应保证满足合同工期的要求。

进度监理与延误处理将在第六章详细介绍。大型工程项目施工进度计划编制及其监控，必须运用网络计划技术且借助计算机完成，称为计算机辅助工程进度监理。

第三节　进度监理基本方法

一、横道图法

1. 横道图的概念

横道图又称为甘特图（Gantt chart），它是美国工程师亨利·甘特在第一次世界大战期间创造的一种生产进度表达方法。前述图1-3为横道图的一个简单例子。

横道图是以时间为横坐标，以各分项工程或施工工序为纵坐标，按一定的先后施工顺序和工艺流程，用带时间比例的水平横道线表示对应项目或工序持续时间的施工进度计划图表。

2. 横道图的常用格式

横道图的常用格式，一般由两大部分组成：

（1）左面部分为主要表格，其内容应包括编号、工程名称（施工工序）、施工方法、工程量或工作量的单位及数量等。

（2）右面部分为指示图表，它是由左面的数据经计算得到的。在指示图表中用水平横道线条形象地表示出分项工程或施工工序的施工进度，其线条长度代表施工持续时间长短，线条的位置表示施工过程，线条上方的数字表示该项目所需的劳动力数量，有时也可采用不同线条符号表示施工作业班组或施工段。

根据上述横道图常用格式，结合某80km长的路段，绘制该项目施工进度横道图，如图1-4所示。

编号	工程名称	施工方法	工程量单位	工程量数量	20××年(月份) 1	2	3	4	5	6	7	8	9	10	起止时间 开工	结束
1	临时通信线路	人工为主	km	80	6										1月初	7月初
2	沥青混凝土基地	人工安装	处	1	35										1月上旬	5月上旬
3	清除地基	机械	m³	700 000			4								3月初	7月底
4	路用房屋	人工	m²	1 300	60			40							1月初	6月底
5	大桥	半机械化	座	1					94						4月中旬	9月中旬
6	中桥	半机械化	座	5			53		38						3月15	8月底
7	集中性土方	机械	m³	430 000					20						4月中旬	9月底
8	小型构造物	半机械化	座	23					30						5月初	5月底
9	沿线土方	机械为主	m³	89 000					36						5月初	10月底
10	基层	半机械化	m²	560 000						48					5月上旬	10月上旬
11	面层	半机械化	m²	560 000							18				5月上旬	10月上旬
12	整修工程	人工为主	km	80							10				5月上旬	10月上旬

图1-4　施工进度横道线图

由图1-4知，横道图可以方便地表达出施工计划的总工期和各分项工程或施工工序的持续时间；每项工作何时开始、何日完成一目了然，便于计算完成施工计划所需的劳动力、材料、机械设备及资金等各种资源用量。但是分项工程或施工工序之间的逻辑关系不明确，施工期限与地点关系无法表达，工程项目的分布情况不具体，难以挖掘施工计划的潜力。

3. 横道图的特点

横道图编制施工进度计划的优点为：简单、形象、明了、直观、易懂，且便于检查和计算资源用量。它的不足表现在：

（1）不容易看出工作之间相互依赖、相互制约的关系，仅反映工作之间的前后衔接关系；

（2）无法反映工作的机动使用时间，反映不出关键工作及哪些工作决定总工期；

（3）不能实现定量分析，因而无法采用计算机计算；

（4）计算执行过程中实施计划偏离原计划时，只能进行局部简单的调整；

（5）无法进行施工组织及施工技术方案的比较与优化。

因此，横道图只适宜于编制集中性工程进度计划、材料供应计划或者简单的工程进度计划。

横道图作为一种施工进度监理的工具，它不仅可用于编制施工进度计划，而且还可用于工程进度实施中的监控。在进度计划实施中，在计划进度横道线下方同时标出各分项工程或施工工序的实际进度。根据实际进度与计划进度的比较，可对进度计划进行必要的修改与调整。

二、工程进度曲线

工程进度曲线是建立在横道图的基础上的。进度曲线是以工期为横轴，以完成的累计工程量或工程费用的百分比为纵轴的图表化曲线，如图 1-5 所示。通过工程进度曲线，能够进行工程计划进度和实际进度的对比，有效地实行工程项目全局性的进度管理。当实际进度曲线与计划进度曲线出现偏离时，就说明工程的进度有了延误或者进度有所超前，这样就可通过调整施工进度，使工程能够按照计划来完成。

1. 工程进度曲线的形状特点

假设工程进度曲线用函数 $C=f(T)$ 表示，则 $V=dC/dT$ 表示工程在点 T 处的施工速度，也就是该点处曲线的切线方向即为曲线的斜率。

如果工程项目施工中投入相同数量的劳动力和施工机械，每天保持完成相等的工作量，则工程按相同的施工速度进行，工程进度曲线就是一条直线，如图 1-6a) 所示。这种情况在项目实际施工中很少出现。

一般情况下，项目施工初期应进行临时工程建设或做各项施工准备工作，劳动力和施工机械的投入逐渐增多，每天完成的工作量也逐渐增加，所以施工速度逐渐加快，即工程进度曲线的斜率逐渐增大，此阶段的曲线呈凹形；在项目施工稳定期间，施工机械和劳动力投入最大且保持不变时，若不出现意外作业时间损失，且施工效率正常，则每天完成的工作量大致相等，这时施工速度近似为常数，工程进度曲线的斜率几乎不变，故该阶段的曲线接近为直线；项目施工后期，主体工程项目已完成，剩下修理加工及清理现场等收尾工作，劳动力和施工机械逐渐退场，每天完成的工作量逐步减少，此时施工速度也逐步减小即工程进度曲线的斜率逐步减小，此阶段的曲线则为凸形，如图 1-6b) 所示。

由此可见，一般工程进度曲线大体上呈 S 形（图 1-7），所以该曲线又称为 S 曲线。

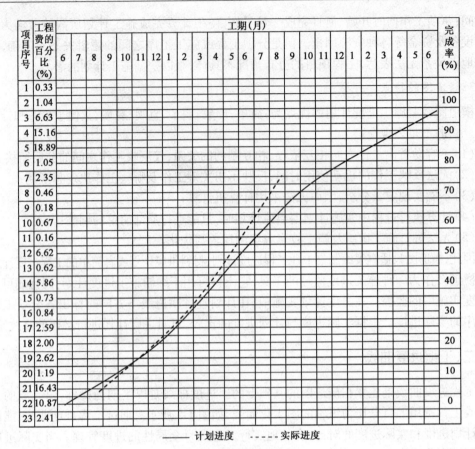

图 1-5 工程进度曲线

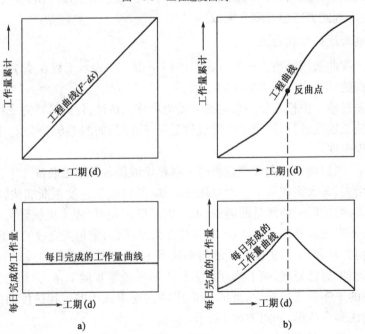

图 1-6

2. S曲线在公路工程施工监理中的作用

由于S曲线是工程进度曲线也是现金流动曲线,所以它在公路工程施工进度及费用监理中均可应用,其作用如下。

(1)审批施工进度计划时,可用S曲线判断施工单位编制的施工进度计划是否合理。

合理的施工进度计划,其工程进度曲线的形状大致呈S形,劳动力、材料和施工机具设备供应及工程费用使用分配符合一般规律。反之,工程初期曲线不是凹形;或者施工稳定期间,曲线完全不是直线;或者工程后期曲线不呈凸形等均说明施工中资源调配违背了一般规律。出现上述任何一种不合理情况,都应要求施工单位重新修订施工进度计划。

(2)监控施工进度计划实施阶段,进度控制可方便地利用S曲线评价实际进度情况属于正常、提前或滞后。

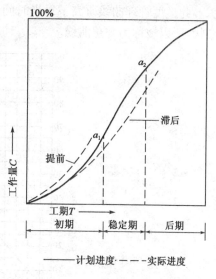

图1-7　工程进度曲线形状

当实际进度按计划进度正常施工时,其实际进度与计划进度曲线相吻合,此时说明实际进度正常。但在进度计划实际中,如果实际进度比计划进度提前,则实际进度曲线用虚线表示应在S曲线上方,此时实际施工速度比计划施工速度快,照此施工下去工期就会提前。监理工程师据此可作出两种决策:一是工程成本消耗较合理时,按实际施工进度不变,提前完成任务;二是工程成本消耗较高时,应适当放慢施工速度,使实际进度按计划进度进行,确保按计划工期完成任务。如果实施中实际进度比计划进度滞后,则虚线表示的实际进度在S曲线的下方,这时实际施工速度比计划施工速度慢,照此下去工期就会拖延,此时监理工程师的一般决策是:增加资源供应,加快施工速度,使实际进度赶上计划进度,保证计划工期的按时完成。

(3)S曲线可用于工程费用监理中工程计量及费用支付的依据。

S曲线是工程进度与累计完成的工程量或工作量(费用)的百分比图表化曲线,也是工程项目实施中进度与现金流动关系曲线。项目实施期间实际完成了多少工程量或工作量(工程费用),在实际进度曲线上一目了然,据此可方便地进行中期工程量的计量与支付。

3. 进度管理曲线

在项目施工进度计划实施过程中,实际工程进度曲线将因施工条件及管理条件而变化,所以实际进度曲线往往与计划进度曲线不一致。如果二者的偏差太大,将使工程陷入难以恢复的状态,因此应使实际进度始终处在一个安全的区域内,这样才能确保工程项目按时交工,为此用进度管理曲线规定这个安全区的范围。

进度管理曲线是工程进度曲线规定的允许界限线,它指出了施工进度允许偏差范围所应满足的进度曲线变动区域。虽然组织突击赶工也可以按期交工,但这样做将会影响工程质量和经济效益,而进度管理曲线指出的安全区,不是组织突击赶工,而是在保证工期、质量和经济性的条件下,施工进度曲线规定的允许变动范围。

美国加利福尼亚州公路分局对典型的45项工程绘制了进度曲线,根据对工程所经过的时间和完成工作量之间关系的调查研究结果,编制了作为公路工程的进度管理曲线,如图1-8所示。此进度管理曲线研究了每当时间经过10%时完成工作量的变化范围。因为图形呈香蕉形状,所以被称为香蕉曲线。

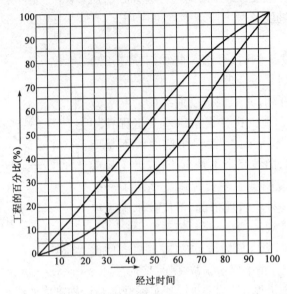

图1-8 公路工程进度管理曲线

从图1-8可以看出,根据香蕉曲线,当时间经过了30%时,工程进度的容许安全区域为16%~35%。如果实际进度曲线此时低于16%,则表明工程进度处于危机状态,需要采用补救措施。进度管理曲线一般作为进度曲线的一种核对方法来使用,所以并不一定要求它有严密的准确性。

在绘制工程进度曲线及管理曲线时,应注意下列问题:

(1)首先应根据横道式工程进度图来绘制计划进度曲线,此曲线应位于进度管理曲线的允许界限以内。假如进度曲线偏离了允许界限,则一般来说此工程项目的进度计划安排的不够合理,此时需要将横道式工程进度计划图中的主体工程向左右移动进行调整。

(2)当计划进度曲线在进度管理曲线的允许界限内时,合理地调整工程初期和后期的进度,尽量使S形曲线的中期,即正常工程进展阶段与允许界限的直线段相吻合。

(3)由计划进度曲线的终点所引出的曲线的切线,表示工程进度危险的下限,所以应在这个界限内维持施工。假如实际进度曲线接近限界时,则需要立即采取补救措施。

(4)实际进度曲线超出香蕉曲线及其他管理曲线的下限时,表示工程拖延相当严重,此时不可避免地要进行突击赶工,因此,应研究突击赶工时控制投资和保证质量的措施。

使用工程进度曲线和进度管理曲线,能够把工程进度的偏差控制在适当的范围之内来进行计划和管理,可将它们作为判断工程全局进度情况的工具。但由于它们是建立在横道图的基础之上,因而仍不能弥补横道图所具有的缺点。

三、斜条图法

斜条图法又称为垂直图法或垂直坐标表示法。斜条图以纵坐标表示施工期限,横坐标表示里程或工程位置,而各分项工程或施工工序的施工进度则相应地以不同形式的斜条线表示。图1-9为某80km路段综合施工的工程进度斜条图。

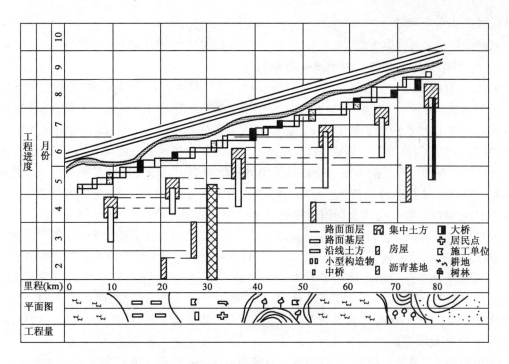

图1-9 斜条式综合工程进度图

由图1-9可以看出,斜条图与横道图相似,它是横道图的另一种表示方法。在斜条图中各分项工程或施工工序的相互关系、施工紧凑程度及施工速度都十分清楚,工程的分布情况和施工日期清晰可见,从图中还可以直接找出任何时间各施工队伍所在的施工位置和应完成的工程数量。它与横道图相比,减少了横道图的以上不足,但它作为一种进度监理工具,仍然存在以下缺点:不能反映各项目或工作(工序)之间错综复杂的关系;不能确定工作的机动时间及其关键工作;不能使用计算机进行定量分析;计划的编制及修改的工作量较大;不能进行计划方案的比较及优选等。因此,斜条图法仅是编制道路、隧道等线形工程施工进度计划的一种较好形式。

四、网络计划图法

1. 网络计划技术

网络计划技术是20世纪50年代国外陆续出现的一些计划管理的新方法。由于这些方法将计划的工作关系均建立在网络模型上,把计划的编制、协调、优化和控制有机地结合起来,所以称之为网络计划技术。

网络计划图是以加注工作持续时间的箭线和节点组成的网状流程图来表示施工进度计划。其基本原理是:首先根据工作间的相互关系及其工作先后顺序流程绘制工程项目施工进度计划网络图;其次通过计算找出计划中的关键工作及关键线路;最后通过不断调整、改善网络计划,选择最优的方案付诸实施。在网络计划实施过程中进行有效的监督与控制,确保工程项目按合同条件顺利完成。

2. 网络计划方法

网络计划技术有许多方法,主要有关键线路法(CPM)、计划评审法(PERT)、流水作业网络计划、搭接网络计划(CNT)、图例评审法等。

关键线路法(CPM)是 1956 年美国杜邦公司为了管理其内部不同部门的业务工作而研制的。1958 年初,该公司决定把 CPM 用于建设价值 1 000 万美元的一座新化工厂,同时为了与传统计划方法相比较,分成了两组,一组按 CPM 法制订计划,另一组仍按旧方法制订计划。对此,CPM 法小组只需修改原计划的 10%,而另一小组需要全部返工。而且利用 CPM 法确定的工期比传统方法确定的工期缩短两个月且不用另外增加费用。以后此法又被用于设备维修,使其停产时间由过去的 125h 缩短为 74h。杜邦公司采用关键线路法安排施工和维修,仅一年就节约了近 100 万美元,是该公司用于发展研究 CPM 法所花经费的 5 倍。

1958 年,美国海军特种计划局在研制北极星导弹核潜艇时,首次提出 PERT 控制进度法。北极星计划由 8 家总承包公司、250 家二包公司、3 000 家三包公司、9 000 多厂商共同承担,规模庞大,组织管理复杂。由于使用了 PERT 技术,使原计划 6 年的研制时间提前了两年完成。20 世纪 60 年代后美国又采用了 PERT 技术,组织阿波罗载人登月计划,以一个 7 000 人的中心试验室为中心,把 120 所大学、2 万余个企业、40 万人组织在一起,耗资 400 亿美元,用 13 年时间到 1972 年圆满完成。

CPM 和 PERT 虽然名称不同,但其主要原理和方法是一致的。前者为民用部门研制,偏重于成本控制,且工作持续时间一般是确定的,所以也称为肯定型网络计划;后者为军事部门所创,偏重于时间控制,且工作持续时间往往具有某种不确定性,所以也称为非肯定型网络计划。

流水作业网络计划是我国土建人员在 20 世纪 70 年代末研制的一种新型网络计划技术,它综合运用流水施工和网络计划的特点,为流水施工网络计划提供了简便有效的方法。

搭接网络计划能够反映工作间的各种搭接关系,它可大大地简化网络图的形成和计算工作,特别适用于高等级公路及大型工程项目的施工进度计划安排。

图例评审法也称为随机网络计划,是一种广义的随机网络分析方法,它主要用于编制项目施工进度计划中的排队、存储及可靠度分析等诸多统筹问题。

3. 网络计划的应用及其特点

我国从 20 世纪 60 年代开始运用网络计划技术,著名数学家华罗庚教授结合我国实际情况,在吸收国外网络计划技术理论的基础上,将其统一命名为统筹法。网络计划技术在我国已广泛应用于国民经济各个领域的计划管理中,而应用最多的还是工程项目的施工组织与管理,并取得了巨大的经济效益。根据国内统计资料,工程项目的计划与管理应用网络计划技术,可平均缩短工期 20%,节约费用 10% 左右。

综上所述,网络计划方法具有以下特点:

(1)能够充分反映各项工作之间相互制约、相互依赖的关系;

(2)可以区分关键工作和非关键工作,并能找到关键线路,且反映出各项工作的机动时间,因而可以更好地调配和使用工、料、机等各种资源;

(3)它是一个定义明确的数学模型,计算方便,且便于用计算机计算;

(4)能够进行计划的优选比较,从而选择最佳方案;

(5)它不仅可用于控制项目施工进度,还可用于控制工程费用,如一定费用下工期最短及一定工期内费用最低等的网络计划优化;

(6)计划复杂,特别是大型且复杂的工程进度网络计划更是如此。

4.网络图的分类

(1)按箭线和节点表达的含义不同,可分为双代号网络图和单代号网络图。前者每项工作均由一根箭线和两个节点表示,其中箭线代表工作,节点表示工作间的逻辑关系;后者每项工作由一个节点组成,以节点代表工作,箭线表示工作间的逻辑关系。

(2)在双代号网络图中,按箭线长短与工作持续时间的关系分为一般双代号网络图(简称为双代号网络图)和时间坐标网络图(简称为时标网络图)。双代号网络图中工作持续时间长短与箭线长短无关;时标网络图中箭线的长短和所在的位置表示工作的持续时间和进程。

(3)按计划目标的多少,可分为单目标网络图和多目标网络图。网络图中只有一个计划目标的称为单目标网络图,有两个以上计划目标的称为多目标网络图。

(4)按工程项目的组成及其应用范围分,有分项工程网络图、分部工程网络图、单位工程网络图、单项工程网络图及工程项目总体网络图等。

5.网络计划在工程进度监理中的作用

采用网络计划方法可加强工程项目的施工管理,使其取得好、快、省的全面效果。它在工程进度监理中可给监理工程师提供下列可靠信息:

(1)合理赶工及其工期与成本的关系信息;

(2)各项工作有无机动时间及机动时间极限数据信息;

(3)劳动力、材料、施工机具设备等资源利用信息;

(4)哪些工作提前或拖延,预测对总工期的影响等信息。

小　　结

本章主要介绍了公路工程进度监理的概念、作用以及进度影响因素,进度监理的任务;公路工程基本建设项目组成及其建设程序,施工组织及施工过程中的组织原则,施工组织的方法与特点,流水施工的组织原理,施工计划管理的概念、任务、作用及计划管理程序;公路工程进度监理的主要方法:横道图、工程进度曲线、斜条图及网络计划图的含义与特点及其作用。

思 考 题

1. 了解进度监理的概念。
2. 简述进度、质量、费用三者之间的关系。
3. 简述进度监理的作用。
4. 简述进度监理的主要任务。
5. 简述施工过程中各个阶段进度控制的目标。
6. 确定计划工期的依据是什么?

7. 施工过程中的组织原则是什么？
8. 公路工程施工有哪些生产类型？
9. 简述施工组织的基本方法及其特点。
10. 简述施工组织的其他方法及其应用条件。
11. 流水作业参数的类型有哪些？
12. 简述流水节拍的概念及其计算方法。
13. 试述流水步距的概念及其计算步骤。
14. 流水作业如何分类？
15. 有节拍流水包括哪些种类，各种工期如何计算？
16. 无节拍流水的组织原则有哪些？其实质是什么？作业效益如何？
17. 施工计划管理的概念和工作程序及其特点各是什么？
18. 施工计划管理的要求有哪些？
19. 简述施工计划管理的任务及作用。
20. 简述横道图的方法及其特点。
21. 简述 S 曲线的概念及其形状特点。
22. S 曲线在施工监理中有哪些作用？
23. 简述进度管理曲线概念及其作用。
24. 简述斜条图的方法及其特点。
25. 什么是网络计划技术？
26. 网络计划方法有哪些？
27. 网络计划有哪些特点？
28. 试述网络图的概念及类别。
29. 简述网络计划在工程进度监理中的作用。

练 习 题

根据题表 1-1 流水节拍，按甲乙丙丁和丙乙丁甲顺序组织流水施工，分别计算流水步距、工期，并绘横道图。

题表 1-1

工序 \ 施工段	甲	乙	丙	丁
A	4	5	4	6
B	4	4	3	3
C	3	3	3	2
D	2	3	3	3

第二章 关键线路法(CPM)

第一节 双代号网络计划图的绘制

一、双代号网络计划图的构成

双代号网络计划是目前应用较为普遍的一种网络计划形式。利用网络技术表示一项工程任务或一个计划中各项工作的先后、衔接关系和所需时间及其他资源的工作流程图,就称为网络计划图。双代号网络计划的网络图是由三个要素组成的,即箭线、节点和流。

箭线　　　──→表示具体的内容
节点　　　○　　表示相互间的关系
流　　　　　　　表示定量的参数

其具体表达的方式如下。

1. 箭线

箭线表示一项工作,可以是具有独立施工条件,也可以是单独作为成本计算对象的单位工程,如路基工程、路面工程、桥梁工程和交通工程等。如果进一步细分又可分为面层、基层、底基层或基础工程、墩台身等分项工程,也可以一直细分到立模、绑扎钢筋、混凝土浇筑等具体的工序,这将取决于所做网络计划的详细程度。箭线代表整个工作的全过程,有一定的持续时间并消耗一定的资源,如"现浇混凝土"工作,这是需要消耗水泥、砂、石、钢筋及模板等材料的,而且还需要一定的人工和时间来完成每一操作。但也有一些仅花费时间的工作,如混凝土构件的自然养生、油漆的干燥过程等。

2. 节点

节点表示的是工作与工作之间的衔接关系,在一般的双代号网络计划图中,节点仅表示一种衔接关系,这就是结束到开始的关系,即节点前的所有工作均结束后,节点后的工作才能开始。节点具有瞬时性,是指节点所消耗的时间与工作持续时间相比较可以忽略不计,即规定节点不消耗时间,也不消耗资源。

3. 流

流表示着定量的参数,即表示着完成各项工作所需要的资源,包括每项具体工作所需要的时间、费用和材料设备等。

在双代号网络计划图中,每一项工作都用一条箭线和两个节点来表示;节点可以是圆圈,也可以是其他形式,在其中填入代号,如 i、j 等;而工作的名称和完成工作所需要的资源标注在箭线旁。如图 2-1 就表示一项工作,可称为"工作(i,j)"或"工作 A"。由于采用两个数字来代表某项工作,因此被称为双代号网络计划。

图 2-1　工作的表示方法

在一般网络计划图中,箭线的长短曲直与工作占用的时间长短、资源多少均无关系。就某一具体工作而言,紧靠其前面的工作称为紧前工作,紧靠其后面的工作称为紧后工作,与之平行的工作称为平行工作,该工作本身则可称为本工作,如图 2-2 所示。对一个节点来讲,可能有许多箭线同时进入该节点,这些箭线就称为内向箭线,而该节点则可称为汇集节点;同样也可能有许多箭线由同一节点出发,这些箭线就称为外向箭线,该节点则称为分支节点,如图2-3 所示。

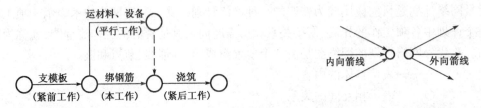

图 2-2　工作之间的关系　　　　　　　图 2-3　内向和外向箭线

网络图中第一个节点叫起始节点,它意味着一项工程或任务的开始;最后一个节点叫终点节点,它意味着一项工程或任务的完成;网络计划图中的其他节点称为中间节点。

二、工作关系的表示方法

工作关系是指工作进行时客观上存在的一种先后顺序关系,在表示工程施工进度计划的网络图中,根据施工组织和工艺流程的要求,应正确反映各项工作之间的相互依赖和相互制约关系。各项工作之间的关系是否表示得正确,是网络计划图能否反映工程项目实际情况的关键。如果工作关系表示错了,网络计划图中各种时间参数的计算就会发生错误,关键线路和工程的总工期跟着也将发生错误。

要画出一个正确反映工作关系的网络计划图,首先就要搞清楚各项工作之间的关系,也就是要具体解决每项工作的下面三个问题:

(1)该工作必须在哪些工作之前进行?
(2)该工作必须在哪些工作之后进行?
(3)该工作可以与哪些工作平行进行?

在网络计划图中,各工作之间的关系是变化多端的,表 2-1 所列的是网络计划图中常见的一些工作关系的表示方法。

通过前面介绍的各种工作关系的表示方法可以清楚地看出,一些图中有一种虚箭线,这种虚箭线表示的是虚工作。虚工作是一项虚设的工作项目。引入虚工作的基本目的是为了正确地表达各项工作之间的关系,虚工作既不占用时间和空间,也不需消耗资源,它是在一些情况下根据工作关系的需要而增设的。下面介绍一下虚箭线在表示工作关系时的应用。

常见工作关系的表示方法 表2-1

序号	工序之间的逻辑关系	网络图中的表示方法
1	A 完成后进行 B 和 C	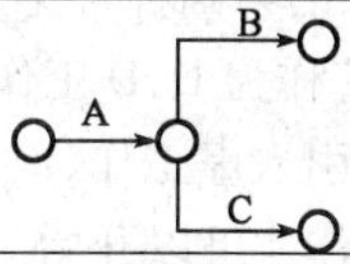
2	A、B 均完成后进行 C	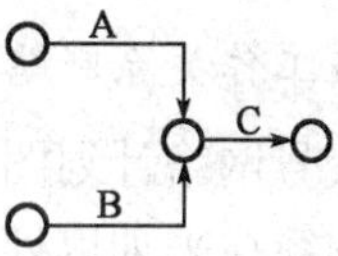
3	A、B 均完成后同时进行 C 和 D	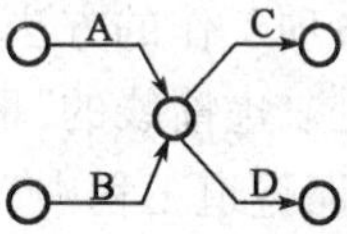
4	A 完成后进行 C,A、B 均完成后进行 D	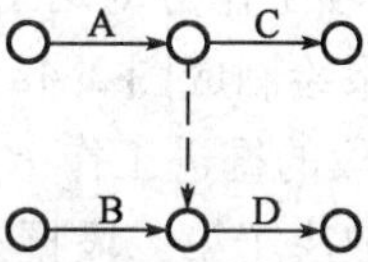
5	A、B 均完成后进行 D,A、B、C 均完成后进行 E,D、E 均完成后进行 F	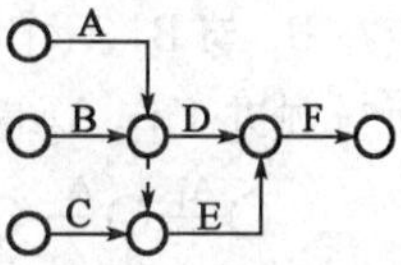
6	A、B 均完成后进行 C,B、D 均完成后进行 E	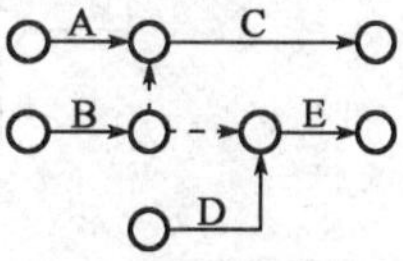
7	A、B、C 均完成后进行 D,B、C 均完成后进行 E	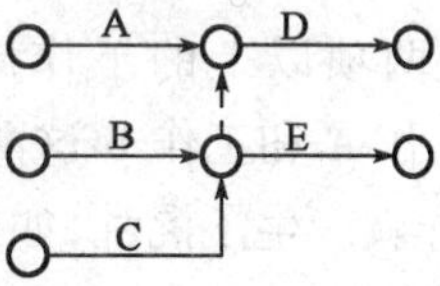
8	A 完成后进行 C,A、B 均完成后进行 D,B 完成后进行 E	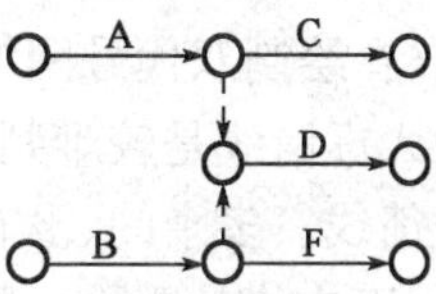
9	A、B 两道工序分成三个施工段,分段流水施工:A_1 完成后进行 A_2、B_1,A_2 完成后进行 A_3、B_2,B_1 完成后进行 B_2,A_3、B_2 完成后进行 B_3	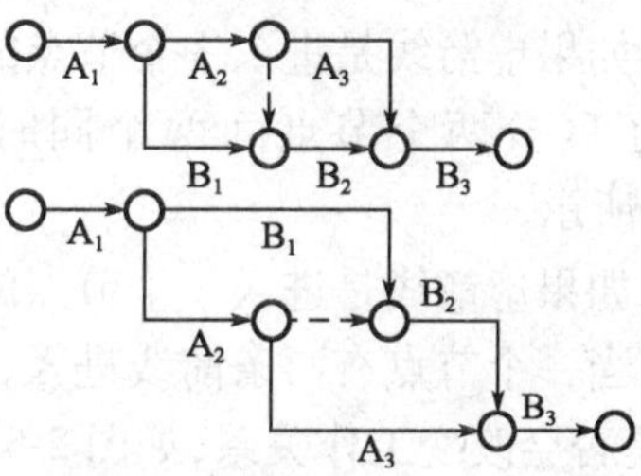

1. 虚箭线在工作关系连接方面的作用

在表 2-1 中的第四种常见工作关系的表示图中，A 工作完成后其紧后工作为 C，A、B 工作完成后其紧后工作为 D，D 工作又是工作 A 的紧后工作，为了把 A、D 两项工作的关系连接起来，这时就需要引入虚工作，但由于虚工作的持续时间为零，所以两者间的关系仍然是 A、B 工作完成后，D 工作才可以开始。

2. 虚箭线在工作关系断路方面的作用

在绘制双代号网络计划图时，很容易产生把原来没有工作关系的工作联系起来的错误，这时就需要使用虚箭线来加以处理，以隔断不应有的工作联系。用虚箭线隔断网络计划图中没有工作关系的各项工作的方法称为"断路法"。产生错误的地方总是在同时有多条箭线进入和发出的节点处。虚箭线的"断路"作用可以通过下面的例子来加以说明。

例如，在公路隧道工程中，掘进（A）→支模（B）→衬砌（C）是三项串联的工作，为了加快进度，现采用将每项工作分为两个工作段进行交叉作业，这时就会出现如何正确表达它们之间关系的问题。如果绘制成图 2-4a) 所示的网络计划图，那就会出错，因为第一工作段的衬砌工作 C_1 与第二工作段的掘进工作 A_2 并没有工作关系，也就是 C_1 与 A_2 并不存在什么联系（因为第一段的衬砌不取决于第二段掘进的结束）。为了避免这种情况，断开 C_1 与 A_2 之间并不存在的联系，这时应在 B_1 与 B_2 工作之间引入一条虚箭线，如图 2-4b) 所示，使工作 C_1 仅为工作 B_1 的紧后工作，而与掘进工作 A_2 断路。

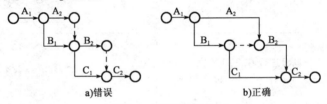

a) 错误　　　　　　　　b) 正确

图 2-4　虚工作的引入

当两项或两项以上的工作同时开始和同时结束时，必须引入虚箭线，以免造成混乱。图 2-5a) 中，工作 A 和工作 B 这两条箭线共有②、③两个节点，代号（2,3）既表示工作 A 又表示工作 B，这样就产生了混乱，如果引入虚箭线，则两项工作共用一对代号的现象就可以消除，如图 2-5b) 所示。

可以看出，在绘制双代号网络计划图时，虚箭线的应用是很重要的。但是，在什么地方、在什么情况下引入虚箭线是较难判断的，一般是先主动增设虚箭线，等网络计划图构成后，再删去不必要的虚箭线。多余的、没有必要的虚箭线将使网络图图面繁杂，而且增加绘图工作量和计算工作量，因而应将其删除。删除多余虚工作的方法有：

（1）如果虚箭线是进入一个节点的唯一箭线，则一般可将这个虚箭线删除，但当这个虚箭线是为了区分两个节点间两个同时开始、同时结束的工作时，这个虚箭线不能删除，如图 2-5c) 所示。

（2）如果虚箭线是进入一个节点的唯一一条虚箭线时，这个虚箭线可以删除。

（3）当一个节点有两条箭线进入，而且均为虚箭线时，则可以消除其中的一个虚箭线。但应注意是否会改变工作关系，如图 2-5d) 所示。而图 2-5e) 中节点⑤的两条内向虚箭线却不能删除。

第二章 关键线路法(CPM)

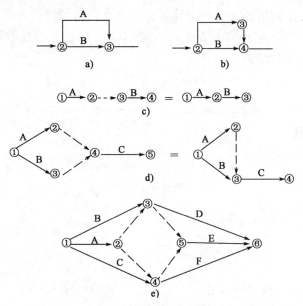

图 2-5 用虚工作表示两节点间的平行工作

三、绘制双代号网络计划图的基本规则

绘制双代号网络计划图时,要正确地表示工作之间的工作关系并遵循有关的基本绘图规则进行;否则,就不能正确地反映工程的工作流程和进行时间参数的计算。绘制双代号网络计划图一般必须遵循以下一些规则。

(1)一张网络计划图中只允许有一个起始节点和一个终点节点。例如,图2-6a)所示的网络图中出现了两个没有内向箭线的节点①、④,也就是图中有两个起始节点,这是不允许的。解决这个问题的最简单的办法就是用虚箭线把节点①、④连接起来,使之变成一个起始节点,如图2-6b)所示。如果在网络图中出现了两个没有外向箭线的节点,也就是说图中出现了两个终点,如图2-7a)中的节点④、⑥,这也是不允许的,遇到这种情况同样也可采取增加虚箭线把节点④、⑥连接起来,使之成一个终点节点,如图2-7b)所示。

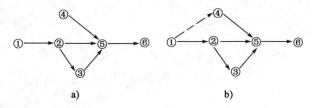

图 2-6 只允许有一个起始节点

(2)一对节点之间只能有一条箭线。这是因为双代号网络计划图中,两个代号代表着一项工作,如果一对节点之间有两条甚至多条箭线存在,就无法分清这两个代号究竟代表哪一项工作。这种情况下,正确的表示方法是引入虚箭线,如图2-8所示。

(3)网络计划图中不允许出现闭合回路。在网络计划图中,如果从一个节点出发顺着某

29

一条线路又能回到原出发的节点,这种线路就称为闭合回路,如图2-9所示,节点③、④、⑤就是一条闭合回路。它表示的工作关系是错误的,在工艺流程上是相互矛盾的,工作A、B、C的每一项都无法开始,也无法结束。

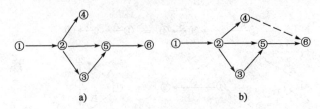

图2-7 只允许有一个终节点

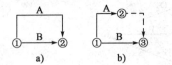

图2-8 一对节点之间只能有一条箭线

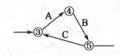

图2-9 闭合回路

(4)在网络计划图中不允许出现线段、双向箭头,并应避免使用反向箭线。表示工程进度计划的网络图是一种有向无回路图,是沿着箭头指引的方向前进的,因此,一条箭线只能有一个箭头,不允许出现无箭头和双箭头的箭线。箭线所表示的工作是需要占用时间的,而时间是不可逆的,使用反向箭线容易引起闭合回路,在时标网络计划图中,反向箭线更是不允许出现的。

(5)网络计划图的布局应合理,不仅要求工作关系正确,而且要尽量避免箭线的交叉,如图2-10所示。网络图中箭线的交叉一般通过整理图是可以避免的;当箭线的交叉不可避免时,应采用"暗桥"、"断线"或"指向"等方法来加以处理,如图2-11所示。

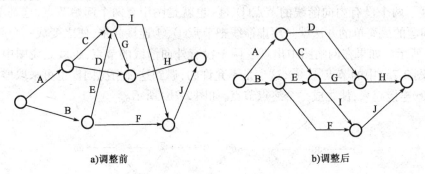

a)调整前　　　　　　　　　　　b)调整后

图2-10 网络图的合理布局

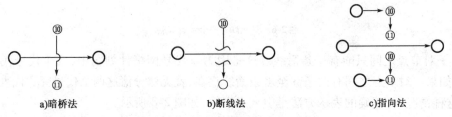

a)暗桥法　　　　　b)断线法　　　　　c)指向法

图2-11 箭线交叉的处理方法

四、双代号网络计划图的绘制

绘制网络计划图的关键是正确而清楚地显示计划的内容及各项工作间的相互关系。这就要将所计划的工程任务分解成若干单项的工作,工作项目确定之后,紧接着的工作就是确定这些工作的相互关系,即确定各工作在开始之前应完成哪些紧前工作,或者工作结束之后有哪些紧后工作,以及各工作所具有的平行工作。对于一个熟悉工程任务情况和本单位物质技术条件的计划人员来说,找出工作之间的相互关系并不困难。

当各工作之间的相互关系确定之后,还应估计各项工作所需要的工作持续时间(当考虑资源和费用问题时,还应给出相应的数据)。确定工作的持续时间是至关重要的,工作持续时间的可靠性如何,直接影响计划的质量。若时间定得太短,则会造成人为的紧张局面,甚至工作无法完成;如果时间定得太长,又造成时间上的浪费。在确定工作的持续时间时,应不受工作重要性、指令工期等条件的约束,也就是应按正常情况下所需时间而定。

工作项目及其间的关系、持续时间等确定之后,应将这些资料填写到工作关系表中。通常的工作关系表的基本内容包括:①工作代号;②工作名称;③紧前工作(或紧后工作);④持续时间等。表2-2所示为一段城市道路更新工程的工作关系表。根据工作关系表就可以绘制网络计划图,通常所采用的绘制方法有:①前进法,即从最初节点开始到最终节点结束的方法;②后退法,即采用从最终节点到最初节点的方法;③先粗略,然后逐步细分,或先画子网络图,再拼成总网络图。

工作项目划分明细表　　　　　　　　　表2-2

工作代号	A	B	C	D	E	F	G	H
工作名称	测量	路基土方	路基防护	安装排水设施	清理杂物	路面施工	路肩施工	清理场地
紧前工作	—	A	B	B	B	C、D	C、E	F、G
持续时间(d)	1	10	2	5	1	3	2	1

(1)某段城市道路更新工程应用实例。

某段城市道路更新工程,工作项目划分与工作相互关系及工作持续时间见表2-2,试绘制其施工进度双代号网络计划图。

根据表2-2所列工作关系,如果采用前进法绘网络图,关键是确定A为开始工作,然后从表2-2中找出紧前工作与本工作的前后关系,逐节生长绘图,直至网络图的终点;若采用后退法绘网络图,关键是确定H为结束工作,再从表2-2中寻找本工作与紧前工作后前关系,逐节后退绘图,直到网络图的起点。绘制的双代号网络计划图如图2-12所示。

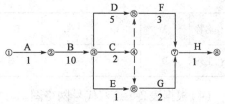

图2-12　道路更新工程施工进度双代号网络计划图

(2)某立交桥工程应用实例。

某合同段立交桥工程施工工期直接影响主线路基和4条匝道路基填筑,据此确定工程项目的工作组成和工作间的逻辑关系及工作持续时间如表2-3所示。绘制其施工进度双代号网络图。

根据表 2-3 工作逻辑关系,利用后退法或前进法绘制某立交桥施工进度的双代号网络图,见图 2-13。

工作逻辑关系　　　　　　　　　　　　　　　表 2-3

工作代号	工作内容	紧前工作	持续时间(周)
A	临建工程	—	5
B	施工组织设计	A	3
C	平整场地	A	1
D	材料进场	B	3
E	主桥施工放样	B	1
F	材质及配合比试验	C	1
G	基础工程施工	D	4
H	桥墩施工	G	3
I	修筑预制场	E	1
J	主梁预制	I	6
K	施工盖梁	H	4
L	预制场吊装设备安装	F	1
M	吊装准备工作	L	1
N	主梁安装	J、K、M	3
P	桥面系统施工	N	2

(3)根据表 2-4 绘制双代号网络图,见图 2-14。

工作关系表　　　　　　　　　　　　　　　　表 2-4

工作名称	A	B	C	D	E	F	G	H	I	J
紧后工作	D	G	E、F	G、H	H、I	—	J	J	—	—

(4)根据表 2-5 绘双代号网络图。

工作关系表　　　　　　　　　　　　　　　　表 2-5

工作名称	A	B	C	D	E	F	G	K	H
紧前工作	H	D	—	C、F	—	—	B	D、E	G、K

第一步,依据表 2-5 用后退法绘草图,关键是确定 A 为结束工作,见图 2-15a)。
第二步,用前进法检查图 2-15 中的工作关系是否全部符合表 2-5,将网络图排列整齐并进

行编号,见图 2-15b)。

网络计划图绘制好以后,应认真检查网络计划中各工作之间的相互关系体现得是否正确,发现错误应予以纠正。在检查网络计划图是否正确时,除了依照工作关系表以外,还应检查网络计划图是否符合网络图的基本规则以及有无多余的虚工作。

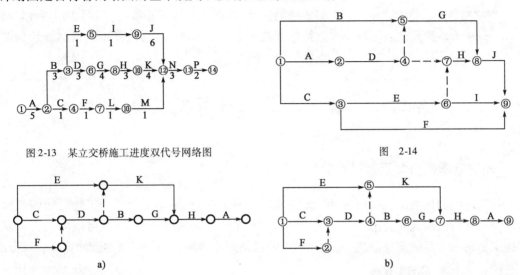

图 2-13 某立交桥施工进度双代号网络图　　　图 2-14

图 2-15

得到了符合工作关系和基本规则的网络计划图之后,即可进行节点编号,这将便于对网络计划图进行时间参数的计算,当采用电子计算机进行计算时,工作代号更加必要了。绘网络计划图进行节点编号时应遵循以下原则:

①从起始节点开始,由左向右顺序编排,一个节点一个号,不得重复;

②一条箭线其箭头节点的编号,应大于箭尾节点的编号,即 $j>i$。因此在节点编号时应从小到大,箭头节点编号必须在其前面的所有箭尾节点都已编好之后进行。

③可以留出空号以便留有余地作中间调整,这样增加或改动某些工作时就不必改动整个网络计划图的节点编号了。

④当工程项目复杂、网络计划图中节点很多、涉及许多单位或系统时,可以利用编码系统,如图 2-16 所示。

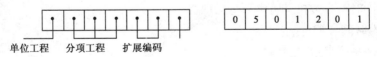

图 2-16 编码系统

对于简单的网络计划图,因其节点数目不多,可以凭直观进行编号,使箭尾节点号小于箭头节点号即可。但对于一个含有大量节点的复杂网络图来说,由于节点数目很多,凭直观进行编号是很容易出错的。如果出现了重复的编号或者 $i>j$ 的情况,则在以后的计算中必然会出现错误,尤其是利用电子计算机进行计算时。为了不至于遗漏和重复节点编号,及防止出现节点 $i>j$ 的情况,可采用下述方法来对网络计划图进行编号。

这种方法首先给起始节点编号为 1,然后假想地擦去节点①的所有外向箭线;将没有箭线

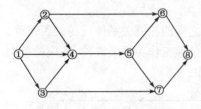

图 2-17 假想擦去法给节点编号

进入的剩余未编号节点依次编号为 2、3。再假想地擦掉节点②、③的所有外向箭线,再对没有箭线进入的后续节点继续编号,如此重复进行,直到终节点。采用这样的方法给节点编号是不会产生节点编号 $i > j$ 的情况,如图 2-17 所示。需要指出的是,节点的编号并非唯一,如图 2-17 中,如将节点编号 2 与 3,6 与 7 互相掉换,这并不影响网络计划图节点编号的正确性。

第二节 时间参数的计算及关键线路

一、时间参数分类及其计算假定

正确地绘制代表工程项目进度计划的双代号网络图,只是把工程项目工作之间的逻辑关系用网络计划的形式表达出来了。网络计划技术是一种定量分析方法,它可以为工程计划管理提供一系列重要的定量信息,而这些定量信息是通过网络计划图时间参数计算以后获得的。

1. 时间参数的计算目的

通过网络计划图时间参数的计算可以达到下列目的:

(1) 确定完成整个计划的总工期,各项工作的最早可能开始时间和最早可能完成时间。

(2) 确定各工作的最迟必须开始时间和最迟必须完成时间,各项工作的各种机动时间与计划中的关键工作及关键线路。

(3) 是绘制时标网络计划图的基础,网络图经过时间参数计算后,才可绘制时间坐标网络计划图,以便为网络计划下达执行提供依据。

(4) 是网络计划调整与优化的前提条件,时间参数计算后发现工期超出合同工期,工程费用消耗过高,由时标图上绘出的资源调配图看出资源供应明显不均衡等,必须对原网络计划图进行必要的调整与优化,以达到既定的计划管理目标。

2. 时间参数分类

网络计划的时间参数按其特性可分为两类。

(1) 控制性时间参数

① 最早时间系列参数,包括:

工作的最早可能开始时间(ES);

工作的最早可能完成时间(EF);

节点的最早可能实现时间(ET)。

② 最迟时间系列参数,包括:

工作的最迟必须开始时间(LS);

工作的最迟必须完成时间(LF);

节点的最迟必须实现时间(LT)。

(2)协调性时间参数

工作总时差(TF)。

工作的局部时差(或称工作的自由时差)(FF)。

这里所说的时差,即为工作的机动时间,它意味着一些工作适当地推迟开始或者推迟完成时,并不影响整个计划的完成时间。

3. 时间参数的计算假定

为了使网络图时间参数计算都建立在统一的网络模型上,并共同规定时间计算的起点,必须作出以下计算假定:

(1)网络计划图中工作的持续时间是已知的,即为肯定型网络模型。

(2)工作的可能开始或完成,或者必须开始或完成时间均以单位时间终了时刻为计算标准。

如 $ES_A = 6d$ 表示工作 A 的最早可能开始时间为第 6 天末,又如 $LF_B = 16d$ 则为工作 B 最迟必须在第 16d 末完成。

4. 时间参数计算方法

网络计划图时间参数的计算方法:对简单的网络计划,可直接在网络图上计算或者列表计算;对大型复杂的网络计划,必须采用电子计算机计算。为了表达时间参数的计算原理及计算公式,本节以图上计算法为例予以说明。

5. 双代号网络图图算法的图例

无论是双代号网络图还是单代号网络图,网络图时间参数计算原理完全相同。本节以双代号网络图为例,采用图上计算法计算时间参数。双代号网络图既可进行工作时间参数计算,也可进行节点时间参数计算,其图算法的图例规定如下:

二、节点时间参数计算

节点时间参数是以节点为对象计算的。节点是工序的连接点,表示其前面工作的结束和后面工作的开始,所以节点时间参数是工作持续时间的开始或结束时刻的瞬间。节点时间参数分为两个,即节点的最早可能实现时间和节点的最迟必须实现时间。

1. 节点的最早可能实现时间(ET)

节点的最早可能实现时间(ET),是指以计划起始节点的时间 $ET_{(1)} = 0$,沿着各条线路达到每一个节点的时刻,它表示该节点紧前工作的全部完成,其后的紧后工作最早可能开始的时间。节点最早时间不一定等于该节点前各工作的最早结束时间,因为这些工作最早开始时间可能不同,工作持续时间也可能不等,由于进入这个节点的紧前工作不全部结束,其紧后工作就不能开始,因此,计算时取进入节点的紧前工作结束时间的最大值,作为该节点的最早可能实现时间,用式(2-1)表示。

$$\mathrm{ET}_{(j)} = \max\{\mathrm{ET}_{(i)} + t_{(i,j)}\} \quad (j = 2,3,4,\cdots n) \tag{2-1}$$

式中：$t_{(i,j)}$——工作(i,j)的持续时间；

n——网络计划图中终节点的编号。

现以图2-18所示网络计划图为例,试计算各节点的最早可能实现时间。

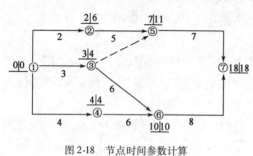

图2-18 节点时间参数计算

首先设 $\mathrm{ET}_{(1)} = 0$;根据式(2-1),可得：

$\mathrm{ET}_{(2)} = \mathrm{ET}_{(1)} + t_{(1,2)} = 0 + 2 = 2$

$\mathrm{ET}_{(3)} = \mathrm{ET}_{(1)} + t_{(1,3)} = 0 + 3 = 3$

$\mathrm{ET}_{(4)} = \mathrm{ET}_{(1)} + t_{(1,4)} = 0 + 4 = 4$

$\mathrm{ET}_{(5)} = \max \begin{cases} \mathrm{ET}_{(2)} + t_{(2,5)} = 2 + 5 = 7 \\ \mathrm{ET}_{(3)} + t_{(3,5)} = 3 + 0 = 3 \end{cases} = 7$

$\mathrm{ET}_{(6)} = \max \begin{cases} \mathrm{ET}_{(3)} + t_{(3,6)} = 3 + 6 = 9 \\ \mathrm{ET}_{(4)} + t_{(4,6)} = 4 + 6 = 10 \end{cases} = 10$

$\mathrm{ET}_{(7)} = \max \begin{cases} \mathrm{ET}_{(5)} + t_{(5,7)} = 7 + 7 = 14 \\ \mathrm{ET}_{(6)} + t_{(6,7)} = 10 + 8 = 18 \end{cases} = 18$

终节点的最早可能实现时间就是计划的总工期,即：

$$T = \mathrm{ET}_{(n)}$$

2.节点的最迟必须实现时间(LT)

节点的最迟必须实现时间(LT),就是在计划工期确定的情况下,从网络计划图的终节点开始,逆向推算出各个节点的最迟必须实现时刻。计算时从最终节点开始,并取 $\mathrm{LT}_{(n)} = \mathrm{ET}_{(n)} = T$,即最终节点的最迟必须实现时间等于计划工期。

箭尾节点的最迟必须实现时间等于箭头所指节点的最迟必须实现时间,减去工作持续时间。对于分支节点,也就是节点连接很多箭尾时,则应对每一条箭线都进行计算,然后取其最小值作为该节点的最迟必须实现时间,用式(2-2)表示。

$$\mathrm{LT}_{(i)} = \min\{\mathrm{LT}_{(j)} - t_{(i,j)}\}$$
$$(i = n-1, n-2, \cdots 2, 1) \tag{2-2}$$

现仍以图2-18所示网络计划图为例,计算各节点的最迟必须实现时间。

首先设 $\mathrm{LT}_{(7)} = \mathrm{ET}_{(7)} = 18$;根据式(2-2)可得：

$\mathrm{LT}_{(6)} = \mathrm{LT}_{(7)} - t_{(6,7)} = 18 - 8 = 10$

$\mathrm{LT}_{(5)} = \mathrm{LT}_{(7)} - t_{(5,7)} = 18 - 7 = 11$

$\mathrm{LT}_{(4)} = \mathrm{LT}_{(6)} - t_{(4,6)} = 10 - 6 = 4$

$\mathrm{LT}_{(3)} = \min \begin{cases} \mathrm{LT}_{(5)} - t_{(3,5)} = 11 - 0 = 11 \\ \mathrm{LT}_{(6)} - t_{(3,6)} = 10 - 6 = 4 \end{cases} = 4$

$\mathrm{LT}_{(2)} = \mathrm{LT}_{(5)} - t_{(2,5)} = 11 - 5 = 6$

$\mathrm{LT}_{(1)} = \min \begin{cases} \mathrm{LT}_{(2)} - t_{(1,2)} = 6 - 2 = 4 \\ \mathrm{LT}_{(3)} - t_{(1,3)} = 4 - 3 = 1 \\ \mathrm{LT}_{(4)} - t_{(1,4)} = 4 - 4 = 0 \end{cases} = 0$

从上面的计算可以看出,利用公式一个节点一个节点地列式计算是很繁杂的,如果网络计划图比较简单,则可直接把结果标注在图上,这样直观且简便,这种计算方法称为图上计算法。它使计算简便易行,形象具体,如图2-18中各节点上的"⊥"形中数据所示。

根据上述可以得出节点时间参数的计算步骤如下：

(1)设起始节点的最早可能实现时间 $ET_{(1)} = 0$,顺箭头计算各节点的最早可能实现时间 $ET_{(j)}$;如果是汇集节点,即有多条箭线进入的节点,则应对进入节点的各条箭线分别进行计算,然后取其中最大值作为该节点的 ET 值;继续计算直到终节点得到 $ET_{(n)}$。

(2)终节点的最早可能实现时间 $ET_{(n)} = T$,即等于计划工期。

(3)设终节点的最迟必须实现时间 $LT_{(n)} = ET_{(n)}$,逆箭头计算各节点的最迟必须实现时间 $LT_{(i)}$;如果是分支节点,即有多条箭线退回的节点,则应对退回节点的各条箭线分别进行计算,然后取其中最小值作为该节点的 LT 值;继续计算直到起始节点。

三、工作时间参数计算

工作时间参数是以工作对象进行计算的,包括各项工作的最早可能开始时间和最早可能完成时间,及各项工作的最迟必须完成和最迟必须开始时间,利用上面所述节点时间参数计算的结果,可以方便地计算各项工作的工作时间参数。

1. 工作的最早可能开始时间(ES)

工作的最早可能开始时间,是指一项工作在具有了一定工作条件和资源条件后可以开始工作的最早时间。在工作流程上,各项工作要等到其紧前工作都结束以后方能开始。很明显,工作(i,j)的最早可能开始时间就等于箭尾节点(i)的最早可能实现时间,即：

$$ES_{(i,j)} = ET_{(i)} \tag{2-3}$$

现仍以图2-18所示网络计划图为例,来计算各项工作的 $ES_{(i,j)}$。

$$ES_{(1,2)} = ET_{(1)} = 0$$
$$ES_{(1,3)} = ET_{(1)} = 0$$
$$ES_{(1,4)} = ET_{(1)} = 0$$
$$ES_{(2,5)} = ET_{(2)} = 2$$
$$ES_{(3,6)} = ET_{(3)} = 3$$
$$ES_{(4,6)} = ET_{(4)} = 4$$
$$ES_{(5,7)} = ET_{(5)} = 7$$
$$ES_{(6,7)} = ET_{(6)} = 10$$

2. 工作的最早可能完成时间(EF)

正常情况下,工作(i,j)若能在最早可能开始时间开始,对应就有一个最早可能完成时间,它就等于箭尾节点的最早可能实现时间或者工作的最早可能开始时间加上工作(i,j)的持续时间 $t_{(i,j)}$,即：

$$\begin{aligned} EF_{(i,j)} &= ET_{(i)} + t_{(i,j)} \\ &= ES_{(i,j)} + t_{(i,j)} \end{aligned} \tag{2-4}$$

下面来计算图2-18所示网络计划图中各项工作的 $EF_{(i,j)}$。

$$EF_{(1,2)} = ES_{(1,2)} + t_{(1,2)} = 0 + 2 = 2$$
$$EF_{(1,3)} = ES_{(1,3)} + t_{(1,3)} = 0 + 3 = 3$$
$$EF_{(1,4)} = ES_{(1,4)} + t_{(1,4)} = 0 + 4 = 4$$
$$EF_{(2,5)} = ES_{(2,5)} + t_{(2,5)} = 2 + 5 = 7$$
$$EF_{(3,6)} = ES_{(3,6)} + t_{(3,6)} = 3 + 6 = 9$$
$$EF_{(4,6)} = ES_{(4,6)} + t_{(4,6)} = 4 + 6 = 10$$
$$EF_{(5,7)} = ES_{(5,7)} + t_{(5,7)} = 7 + 7 = 14$$
$$EF_{(6,7)} = ES_{(6,7)} + t_{(6,7)} = 10 + 8 = 18$$

3. 工作的最迟必须完成时间(LF)

工作的最迟必须完成时间是指一项工作在不影响工程按总工期结束的条件下最迟必须完成的时间,它必须在紧后工作开始之前完成。计算工作的最迟必须完成时间应从终节点逆箭线方向向起始节点逐项进行计算。工作(i,j)最迟必须结束时间就等于箭头节点(j)的最迟必须实现时间$LT_{(j)}$,即:

$$LF_{(i,j)} = LT_{(j)} \tag{2-5}$$

这里仍以图2-18所示网络计划图为例来计算各项工作的$LF_{(i,j)}$。

$$LF_{(6,7)} = LT_{(7)} = 18$$
$$LF_{(5,7)} = LT_{(7)} = 18$$
$$LF_{(4,6)} = LT_{(6)} = 10$$
$$LF_{(3,6)} = LT_{(6)} = 10$$
$$LF_{(2,5)} = LT_{(5)} = 11$$
$$LF_{(1,4)} = LT_{(4)} = 4$$
$$LF_{(1,3)} = LT_{(3)} = 4$$
$$LF_{(1,2)} = LT_{(2)} = 6$$

4. 工作最迟必须开始时间(LS)

在正常情况下,工作(i,j)结束的迟是因为开始的迟,所以工作(i,j)如果能在最迟必须完成时间结束,对应的就有一个最迟必须开始时间,它等于工作(i,j)的箭头节点(j)的最迟必须实现时间$LT_{(j)}$或其最迟必须完成时间$LF_{(i,j)}$减去工作(i,j)的持续时间$t_{(i,j)}$,即:

$$\begin{aligned} LS_{(i,j)} &= LT_{(j)} - t_{(i,j)} \\ &= LF_{(i,j)} - t_{(i,j)} \end{aligned} \tag{2-6}$$

最后来计算图2-18所示网络计划图中各项工作的$LS_{(i,j)}$。

$$LS_{(6,7)} = LF_{(6,7)} - t_{(6,7)} = 18 - 8 = 10$$
$$LS_{(5,7)} = LF_{(5,7)} - t_{(5,7)} = 18 - 7 = 11$$
$$LS_{(4,6)} = LF_{(4,6)} - t_{(4,6)} = 10 - 6 = 4$$
$$LS_{(3,6)} = LF_{(3,6)} - t_{(3,6)} = 10 - 6 = 4$$
$$LS_{(2,5)} = LF_{(2,5)} - t_{(2,5)} = 11 - 5 = 6$$
$$LS_{(1,4)} = LF_{(1,4)} - t_{(1,4)} = 4 - 4 = 0$$
$$LS_{(1,3)} = LF_{(1,3)} - t_{(1,3)} = 4 - 3 = 1$$

$$LS_{(1,2)} = LF_{(1,2)} - t_{(1,2)} = 6 - 2 = 4$$

这样，通过计算工作时间参数的公式，就可以求出网络计划图中各项工作的各个工作时间参数，但是很麻烦。事实上对于较简单的网络计划图，我们可以采用图上计算法来计算各项工作的工作时间参数。图2-19是图2-18所示网络计划图中各项工作的工作时间参数用图上计算法计算的结果。

四、工作的时差计算

工作的时差，就是指工作的机动时间。分析图2-19的计算结果可以看出，在计划工期不变的条件下，有些工作的最早可能开始(或结束)时间与最迟必须开始(或结束)时间是不同的，两者之间有一定的差值，这个差值就称为时差。按照时差的不同性质和作用，可以分为工作的总时差、局部时差、干涉时差和独立时差等。根据前面所介

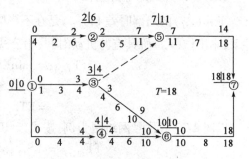

图2-19 控制性时间参数计算

绍的节点时间参数和工作时间参数计算结果，可以计算网络计划图中各项工作的各类时差，现分别叙述如下。

1. 工作的总时差(TF)

工作(i,j)的总时差$TF_{(i,j)}$，是指在不影响任何一项紧后工作(j,k)的最迟必须开始时间的条件下，工作(i,j)所拥有的最大机动时间。一项工作(i,j)不影响计划按总工期完工的活动范围是从工作(i,j)的最早可能开始时间到最迟必须完成时间，所以总时差是在这个范围内扣除工作(i,j)本身的持续时间后，所具有的剩余时间，用公式来表达就是：

$$TF_{(i,j)} = LF_{(i,j)} - ES_{(i,j)} - t_{(i,j)} \tag{2-7}$$

稍加变化就得：

$$TF_{(i,j)} = LS_{(i,j)} - ES_{(i,j)} = LF_{(i,j)} - EF_{(i,j)} \tag{2-8}$$

用节点时间参数来表达为：

$$TF_{(i,j)} = LT_{(j)} - ET_{(i)} - t_{(i,j)} \tag{2-9}$$

上述计算工作总时差$TF_{(i,j)}$的三个公式是等价的。

以图2-19双代号网络图为例，按式(2-7)计算各工作的总时差$TF_{(i,j)}$如下：

$$TF_{(1,2)} = LS_{(1,2)} - ES_{(1,2)} = 4 - 0 = 4$$
$$TF_{(1,3)} = LS_{(1,3)} - ES_{(1,3)} = 1 - 0 = 1$$
$$TF_{(1,4)} = LS_{(1,4)} - ES_{(1,4)} = 0 - 0 = 0$$
$$TF_{(2,5)} = LS_{(2,5)} - ES_{(2,5)} = 6 - 2 = 4$$
$$TF_{(3,6)} = LS_{(3,6)} - ES_{(3,6)} = 4 - 3 = 1$$
$$TF_{(4,6)} = LS_{(4,6)} - ES_{(4,6)} = 4 - 4 = 0$$
$$TF_{(5,7)} = LS_{(5,7)} - ES_{(5,7)} = 11 - 7 = 4$$
$$TF_{(6,7)} = LS_{(6,7)} - ES_{(6,7)} = 10 - 10 = 0$$

工作的总时差具有以下性质：

(1) 如果工作的总时差 $TF_{(i,j)}=0$，则工作(i,j)为无任何机动时间使用的关键工作；

(2) 总时差不但属于本工作，而且与前后工作都有关系，它是一条线路所共有的最大机动时间；

(3) 工作的总时差一般用于控制整个计划的总工期。

2. 计算工作的局部时差(FF)

工作(i,j)的局部时差 $FF_{(i,j)}$，是在不影响任何一项紧后工作(j,k)最早可能开始时间的条件下，本工作(i,j)所具有的机动时间，用公式可表达为：

$$\begin{aligned} FF_{(i,j)} &= \min ES_{(j,k)} - ES_{(i,j)} - t_{(i,j)} \\ &= \min ES_{(j,k)} - EF_{(i,j)} \\ &= ET_{(j)} - ET_{(i)} - t_{(i,j)} \end{aligned} \quad (2\text{-}10)$$

以图 2-20 双代号网络图为例，按式(2-10)计算各工作的局部时差 $FF_{(i,j)}$ 如下：

$$FF_{(1,2)} = ES_{(2,5)} - EF_{(1,2)} = 2 - 2 = 0$$

$$FF_{(1,3)} = \min \begin{cases} ES_{(3,6)} - EF_{(1,3)} = 3 - 3 = 0 \\ ES_{(5,7)} - EF_{(1,3)} = 7 - 3 = 4 \end{cases} = 0$$

$$FF_{(1,4)} = ES_{(4,6)} - EF_{(1,4)} = 4 - 4 = 0$$

$$FF_{(2,5)} = ES_{(5,7)} - EF_{(2,5)} = 7 - 7 = 0$$

$$FF_{(3,6)} = ES_{(6,7)} - EF_{(3,6)} = 10 - 9 = 1$$

$$FF_{(4,6)} = ES_{(6,7)} - EF_{(4,6)} = 10 - 10 = 0$$

$$FF_{(5,7)} = T - EF_{(5,7)} = 18 - 14 = 4$$

$$FF_{(6,7)} = T - EF_{(6,7)} = 18 - 18 = 0$$

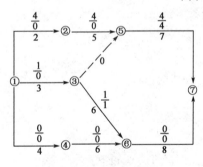

图 2-20 协调性时间参数

由式(2-10)知，工作(i,j)的局部时差反应了工作(i,j)最早可能完成时间到其紧后工作(j,k)最早可能开始时间之间的时间间隔，有时也被称为自由时差，它属于总时差的一部分。工作的局部时差有以下主要特点：

(1) 工作的局部时差总是小于或等于其总时差，即 $FF_{(i,j)} \leqslant TF_{(i,j)}$；

(2) 使用工作的局部时差，对紧后工作的最早可能开始时间没有任何影响；

(3) 工作的局部时差用于控制工程项目实施过程中的中间进度或称为形象进度，即用来掌握网络计划图中各项工作的最早时间，以便控制计划各阶段按期完成。

综上所述，工作时差大小的计算有十分重要的意义，计划管理人员根据时差的大小来协调施工组织，控制项目的总工期。如在时差范围内改变工作的开始或完成时间以达到施工均衡性的目的；或在机动时间内适当增加非关键工作的持续时间，相应地将其部分劳动力和设备、材料转移到关键工作中去，以确保关键工作，从而达到按期或提前完成工程进度计划的目的。

例题：计算如图 2-21 所示的网络计划图中各种时间参数。

(1) 计算网络计划图的节点时间参数。

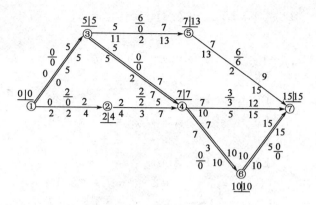

图 2-21 时间参数计算图例

① 设 $ET_{(1)} = 0$，顺箭头依次计算各节点的最早可能实现时间。

$$ET_{(2)} = ET_{(1)} + t_{(1,2)} = 0 + 2 = 2,$$

$$ET_{(3)} = ET_{(1)} + t_{(1,3)} = 0 + 5 = 5,$$

$$ET_{(4)} = \max \begin{Bmatrix} ET_{(2)} + t_{(2,4)} = 2 + 3 = 5 \\ ET_{(3)} + t_{(3,4)} = 5 + 2 = 7 \end{Bmatrix} = 7$$

$$ET_{(5)} = ET_{(3)} + t_{(3,5)} = 5 + 2 = 7$$

$$ET_{(6)} = ET_{(4)} + t_{(4,6)} = 7 + 3 = 10$$

$$ET_{(7)} = \max \begin{Bmatrix} ET_{(4)} + t_{(4,7)} = 7 + 5 = 12 \\ ET_{(5)} + t_{(5,7)} = 7 + 2 = 9 \\ ET_{(6)} + t_{(6,7)} = 10 + 5 = 15 \end{Bmatrix} = 15$$

由计算可知此计划的工期 $T = ET_{(7)} = 15$。

② 设 $LT_{(7)} = ET_{(7)} = 15$，逆箭头依次计算各节点最迟必须实现时间。

$$LT_{(6)} = LT_{(7)} - t_{(6,7)} = 15 - 5 = 10$$

$$LT_{(5)} = LT_{(7)} - t_{(5,7)} = 15 - 2 = 13$$

$$LT_{(4)} = \min \begin{Bmatrix} LT_{(6)} - t_{(4,6)} = 10 - 3 = 7 \\ LT_{(7)} - t_{(4,7)} = 15 - 5 = 10 \end{Bmatrix} = 7$$

$$LT_{(3)} = \min \begin{Bmatrix} LT_{(4)} - t_{(3,4)} = 7 - 2 = 5 \\ LT_{(5)} - t_{(3,5)} = 13 - 2 = 11 \end{Bmatrix} = 5$$

$$LT_{(2)} = LT_{(4)} - t_{(2,4)} = 7 - 3 = 4$$

$$LT_{(1)} = \min \begin{Bmatrix} LT_{(2)} - t_{(1,2)} = 4 - 2 = 2 \\ LT_{(3)} - t_{(1,3)} = 5 - 5 = 0 \end{Bmatrix} = 0$$

(2) 计算工作时间参数。因为节点时间参数均已算出，利用其计算结果可以很容易地计算出工作时间参数。

① 根据最早可能开始时间计算式 $ES_{(i,j)} = ET_{(i)}$ 可得：

$$ES_{(1,2)} = ET_{(1)} = 0, \quad ES_{(1,3)} = ET_{(1)} = 0$$

$$ES_{(2,4)} = ET_{(2)} = 2, \quad ES_{(3,4)} = ET_{(3)} = 5$$

$$ES_{(3,5)} = ET_{(3)} = 5, \quad ES_{(4,6)} = ET_{(4)} = 7$$

$$ES_{(4,7)} = ET_{(4)} = 7, \quad ES_{(5,7)} = ET_{(5)} = 7$$
$$ES_{(6,7)} = ET_{(6)} = 10$$

②由式 $EF_{(i,j)} = ES_{(i,j)} + t_{(i,j)}$ 计算各工作最早可能完成时间。

$$EF_{(1,2)} = ES_{(1,2)} + t_{(1,2)} = 0 + 2 = 2$$
$$EF_{(1,3)} = ES_{(1,3)} + t_{(1,3)} = 0 + 5 = 5$$
$$EF_{(2,4)} = ES_{(2,4)} + t_{(2,4)} = 2 + 3 = 5$$
$$EF_{(3,4)} = ES_{(3,4)} + t_{(3,4)} = 5 + 2 = 7$$
$$EF_{(3,5)} = ES_{(3,5)} + t_{(3,5)} = 5 + 2 = 7$$
$$EF_{(4,6)} = ES_{(4,6)} + t_{(4,6)} = 7 + 3 = 10$$
$$EF_{(4,7)} = ES_{(4,7)} + t_{(4,7)} = 7 + 5 = 12$$
$$EF_{(5,7)} = ES_{(5,7)} + t_{(5,7)} = 7 + 2 = 9$$
$$EF_{(6,7)} = ES_{(6,7)} + t_{(6,7)} = 10 + 5 = 15$$

③由式 $LF_{(i,j)} = LF_{(j)}$ 计算各工作的最迟必须完成时间。

$$LF_{(1,2)} = LT_{(2)} = 4, \quad LF_{(1,3)} = LT_{(3)} = 5$$
$$LF_{(3,5)} = LT_{(5)} = 13, \quad LF_{(3,4)} = LT_{(4)} = 7$$
$$LF_{(2,4)} = LT_{(4)} = 7, \quad LF_{(4,6)} = LT_{(6)} = 10$$
$$LF_{(4,7)} = LF_{(5,7)} = LF_{(6,7)} = LT_{(7)} = 15$$

④由式 $LS_{(i,j)} = LF_{(i,j)} - t_{(i,j)}$ 可计算各项工作的最迟必须开始时间。

$$LS_{(1,2)} = LF_{(1,2)} - t_{(1,2)} = 4 - 2 = 2$$
$$LS_{(1,3)} = LF_{(1,3)} - t_{(1,3)} = 5 - 5 = 0$$
$$LS_{(2,4)} = LF_{(2,4)} - t_{(2,4)} = 7 - 3 = 4$$
$$LS_{(3,4)} = 7 - 2 = 5, \quad LS_{(3,5)} = 13 - 2 = 11$$
$$LS_{(4,6)} = 10 - 3 = 7, \quad LS_{(4,7)} = 15 - 5 = 10$$
$$LS_{(5,7)} = 15 - 2 = 13, \quad LS_{(6,7)} = 15 - 5 = 10$$

(3) 利用上面已获得的控制性时间参数的计算结果来计算各项工作的时差。

①计算各项工作的总时差。由 $TF_{(i,j)} = LT_{(j)} - ET_{(i)} - t_{(i,j)}$ 可得：

$$TF_{(1,2)} = LT_{(2)} - ET_{(1)} - t_{(1,2)} = 4 - 0 - 2 = 2$$
$$TF_{(1,3)} = LT_{(3)} - ET_{(1)} - t_{(1,3)} = 5 - 0 - 5 = 0$$
$$TF_{(2,4)} = LT_{(4)} - ET_{(2)} - t_{(2,4)} = 7 - 2 - 3 = 2$$
$$TF_{(3,4)} = 7 - 5 - 2 = 0$$
$$TF_{(3,5)} = 13 - 5 - 2 = 6$$
$$TF_{(4,6)} = 10 - 7 - 3 = 0$$
$$TF_{(4,7)} = 15 - 7 - 5 = 3$$
$$TF_{(5,7)} = 15 - 7 - 2 = 6$$
$$TF_{(6,7)} = 15 - 10 - 5 = 0$$

②计算各项工作的局部时差。由 $FF_{(i,j)} = ET_{(j)} - ET_{(i)} - t_{(i,j)}$ 进行计算，根据总时差的特性，凡是总时差为零的工作，其他时差均为零，因此可以只计算总时差不为零的几项工作。

$$FF_{(1,2)} = ET_{(2)} - ET_{(1)} - t_{(1,2)} = 2 - 0 - 2 = 0$$

$$\text{FF}_{(2,4)} = \text{ET}_{(4)} - \text{ET}_{(2)} - t_{(2,4)} = 7 - 2 - 3 = 2$$
$$\text{FF}_{(3,5)} = 7 - 5 - 2 = 0$$
$$\text{FF}_{(4,7)} = 15 - 7 - 5 = 3$$
$$\text{FF}_{(5,7)} = 15 - 7 - 2 = 6$$
$$\text{FF}_{(1,3)} = \text{FF}_{(3,4)} = \text{FF}_{(4,6)} = \text{FF}_{(6,7)} = 0$$

如果采用图上计算法来计算网络计划图中的各类时间参数，可将计算所得结果直接标注在网络计划图中各个节点或工作上，各工作的时差则标在各项工作旁，如图 2-21 所示。

五、关键线路及其确定

计算网络计划时间参数的目的之一是找出计划中的关键线路。找出了关键线路也就抓住了工程进度计划的主要矛盾，这样就可使工程管理人员在施工的组织和管理工作中做到心中有数。所谓线路，是指网络计划图中顺箭线方向由起点至终点的一系列节点箭线组成的通路。在一个网络计划中，一般都存在许多条线路，但也有只有一条线路的网络计划图，在图 2-21 所示的网络计划图中，一共包含了 5 条线路：

(1) ①—②—④—⑦；
(2) ①—②—④—⑥—⑦；
(3) ①—③—④—⑥—⑦；
(4) ①—③—④—⑦；
(5) ①—③—⑤—⑦。

每条线路均由若干项工作组成，这些工作的持续时间之和就是这条线路的长度，即线路的总持续时间。上面 5 条线路的长度依次是 10、13、15、12、9。

任何一个网络计划中至少有一条最长的线路，这条线路的总持续时间决定了这个网络计划的总工期。在这种线路中，没有任何机动时间，线路上的任何工作有延误就会使总工期相应地延长；任何工作的持续时间如有缩短，则可使总工期缩短，这种线路是按期完成计划的关键所在，因而称之为关键线路。在关键线路上的各项工作称为关键工作。关键工作没有任何机动时间，即工作的总时差为零。这样上面所列的 5 条线路中的第三条线路就是关键线路，而工作(1,3)、(3,4)、(4,6)、(6,7)都是关键工作。

在网络计划中除了关键线路之外的线路都称为非关键线路，在非关键线路中总是或多或少地存在有时差，其中存在时差的工作称为非关键工作。需要指出的是，非关键线路并不是全由非关键工作组成，在任何一条线路上，只要有一项非关键工作，这条线路就是非关键线路，它的总长度小于关键线路。所以，只有全部由关键工作组成的线路才能成为关键线路。

关键线路的特性：

(1) 关键线路上各工作的总时差均为零；
(2) 关键线路是从网络计划起点到终点之间持续时间最长的线路；
(3) 关键线路在网络计划中不一定只有一条，有时存在多条；
(4) 非关键工作如果使用了总时差，就会转化为关键工作；
(5) 当非关键线延长的时间超过它的总时差，关键线路就转变成为非关键线路。

确定关键线路的方法很多，下面介绍两种简单易行的关键线路确定方法。

1. 关键工作法

关键线路上所有工作的总时差均为零,反之亦真。

这是确定关键线路的充分必要条件。因此,只有连接网络计划中总时差为零的工作,就可以确定出关键线路。如图 2-21 所示的网络计划图中,只要把总时差为零的关键工作(1,3)(3,4)(4,6)和(6,7)依次连接起来就成为网络计划中的关键线路①—③—④—⑥—⑦。

2. 关键节点法

关键线路上所有节点的两个时间参数均相等,反之不真。

网络计划图中每个节点(i)都具有两个时间参数,即最早可能实现时间 $ET_{(i)}$ 和最迟必须实现时间 $LT_{(i)}$,利用节点时间参数相等来确定关键线路,只是确定关键线路的必要条件,而不是充分必要条件,这可以通过用图 2-22 所示网络计划图来说明。

通过简单的计算可以看到计划图中所有节点的时间参数均相等。这时,凭节点时间参数均相等就不能确定关键线路了,因为线路①—②—③—⑤,①—③—④—⑤和①—③—⑤上各节点的时间参数均相等,必须加以辨别,才能确定这些相邻节点的工作是否为关键工作,从而把关键线路延伸下去。辨别两节点间的工作是否关键工作可用下列判别式:

箭尾节点时间 + 工作持续时间 = 箭头节点时间

(2-11)

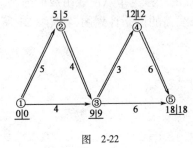

图 2-22

如果上式成立,则这个工作就是关键工作,例如图 2-21 中节点④和节点⑦的时间参数均相等,那么,工作(4,6)和工作(4,7)哪个是关键工作呢?这时就需要用式(2-11)来辨别。

工作(4,6)　7 + 3 = 10

工作(4,7)　7 + 5 < 15

可见工作(4,6)是关键工作,它是关键线路上的一项工作,关键线路应由此处通过。尽管确定关键线路的方法 2 确定的关键节点只是一个必要条件,但由于其计算简单,所以可作为寻找关键线路的辅助手段。

关键工作在网络计划中所占的比重往往不大,而且越是复杂的网络计划,其工作和节点数量越多,关键工作所占的比重越小。根据统计的资料,对于一个具有 10 项工作的网络计划,它的关键工作数目有 3～5 项,一个具有 100 项工作的网络计划,其关键工作数目有 12～15 项,一个具有 1 000 项工作的网络计划,关键工作的数目是 70～80 项,而一个具有 5 000 项工作的网络计划,其关键工作的数目仅有 150～160 项。这样就有可能使工程项目的管理者集中精力抓主要矛盾,搞好计划管理工作。

第三节　时间坐标网络计划

前面介绍的一般双代号网络计划,各项工作的作业持续时间均与箭线长度无关。这种网络计划的好处是修改方便,如果工作顺序、相互关系及持续时间变动时,改动原计划很方便,但不能直接从网络图上看出工作的最早可能开始和最早可能完成时间,以及工作的最迟必须开始时间与最迟必须完成时间。为了克服以上不足,产生了双代号时间坐标网络计划,简称为时间坐标网络计划或时标网络计划。由箭线长度对应工作持续时间长短绘制的双代号网络图,称为时间坐标网络图,常简称为时标网络图或时标图。

一、时标图及应用特点

1. 时标图

时标图是时间坐标网络图的简称,它以时间为横坐标,绘制各项工作的箭线,使箭线的长度直接反映相应工作持续时间的长短,且在图上直接显示出各项工作的开始时间、完成时间及工作的机动时间、关键线路等。

现以图2-23所示的双代号网络图为例,按节点最早可能实现时间改绘成时标网络图。

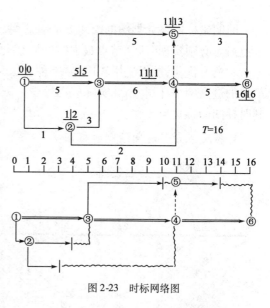

图2-23 时标网络图

2. 时标图的特点

从图2-23可以看出,时标网络图更能表达进度计划中各项工作之间恰当的时间关系,使网络计划易于理解、方便应用。箭线的长短和所在的位置表示工作的时间进程,有利于计划管理人员分析网络计划,并对其进行合理的优化。因此,时间坐标网络计划图具有以下特点:

(1)时标网络图比较接近通常使用的横道图,能直观地反映出整个网络计划的时间进程。

(2)时标图能直接反映出各项工作的开始和完成时间,机动时间及网络计划中的关键线路;在执行计划过程中,可以随时检查出哪些工作已经完成,哪些工作正在进行及哪些工作将要开始。

(3)因时标图能清楚地反映出哪些工作同时进行,所以可方便地确定在同一时间内劳动力、材料、机具设备等资源的需要量,并进行资源用量调配图的绘制。

(4)调整优化后的时间坐标网络计划,可下达施工任务书,作为进度计划下达给承包人直接使用。

(5)时标网络计划的调整比较烦琐,当情况发生变化,如资源的变动或工期的拖延等需对时标网络计划修改时,为了改变工作持续时间就得改变箭线的长度和节点的位置,由此因移动局部几项工作而需要牵动整个网络计划的改变。

3. 时标网络计划的应用范围

(1)一般时标网络图适用于编制工程项目中工作数目较少、工艺过程较简单的施工进度计划。

(2)对于大型复杂的工程项目,可以先利用时标网络计划的形式绘制各分部工程的网络计划,然后再综合起来绘制出比较简明的总网络计划;也可先编一个总体施工网络计划,每隔一段时间,再对下一阶段要开始的分部工程绘制出详细的子网络时标图。实施中如果时间改变,则不需要变动总体网络计划图,只对此阶段的分部工程子网络图进行修改即可。

(3)由于时标图接近横道图,且便于对资源需要量调配并进行必要的调整与优化,所以时标图是进度计划下达执行的一种常用方法。

二、时标图的绘制方法

时间坐标网络计划图的绘制方法有3种,即按节点最早可能实现时间(节点最早时间)、节点最迟必须实现时间(节点最迟时间)、优化时间直接绘制。前两种方法主要用于网络计划分析和资源优化,所以应用较广;后一种方法只适用于工程项目中工作数目较少、工艺过程较简单的进度网络计划,因此实际应用较少。下面主要介绍按节点最早时间和节点最迟时间绘制时标图的方法与步骤。

1. 按节点最早时间绘制时标图

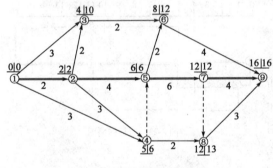

图 2-24 一般双代号网络计划图

图 2-24 为一般双代号网络计划图,试按节点最早时间(ET)将其绘成时间坐标网络计划图。

按节点最早时间绘制时标图的步骤如下:

(1)计算一般双代号网络图的节点时间参数并确定关键线路,作为绘制时标图的依据,见图 2-24。

(2)以计算出的计划工期为横轴,作出时间坐标,并把网络图中的关键线路放在时标图中的适当位置。

(3)按节点最早时间绘制非关键线路,见图 2-25。

①图中所有节点的位置,应按节点的最早可能实现时间标画在相应的时间坐标上。

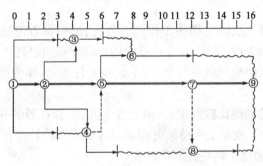

图 2-25 按节点最早时间给出的时标图

②从网络图起点开始按箭线方向逐项工作绘至网络图的终点,工作用实箭线表示,实箭线的长度表示工作持续时间的长短;虚工作仍用虚箭线表示;工作的机动时间用波浪线表示,波浪线补在实线的右边,并在实箭线和波浪线分界处加一节止短线作为分界线。

③时标图中各节点的纵向位置没有时间的含意。

2. 按节点最迟时间绘制时标图

这里仍以图 2-24 所示的一般双代号网络计划图为例,按节点最迟必须实现时间绘制时标网络计划图,其绘制步骤为:

(1)、(2)两个步骤与节点最早时间绘制时标网络图完全相同。

(3)按节点最迟时间绘制非关键线路。

①图中所有节点的位置,应按节点的最迟必须实现时间标画在相应的时间坐标上。

②从网络图终点开始逆着箭线方向逐项工作绘至网络图的起点,实箭线表示工作,其长度代表工作持续时间长短;虚箭线仍为虚工作;工作的机动时间用波浪线表示,波浪线补在实箭线的左边,并在实箭线和波浪线连接处用一节止线作为分界线。

③时标图中各节点的纵向位置无时间含意。

以上步骤绘出的时标图如图 2-26 所示。

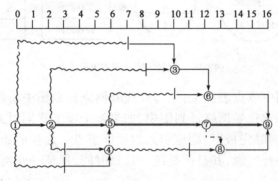

图 2-26 按节点最迟时间绘制的时标图

从图 2-25 可以看到,按节点最早时间绘制时标图的特点是"紧前松后",工作的机动时间分布在后面,此时图中所表示的机动时间为各工作的局部时差;而图 2-26 中按节点最迟时间绘制时标图的特点则为"紧后松前",工作的机动时间分布在前面,此时图中所表达的机动时间没有此类时差概念。因此,在工程项目实际中主要采用节点最早时间绘制时标图,并应注意下列问题:

(1)先确定关键节点位置,再定非关键节点位置。

(2)每项工作的实线长度,必须严格按其持续时间长短绘制,两节点之间箭线长度不足时,要用波浪线加以连接。

(3)绘时标图时最好与原一般双代号网络图的形状相似,以便检查和核对。

(4)时标图绘成后,应与日历时间进程相对应,以便作为进度计划直接下达给承包人使用。

第四节 单代号网络计划与计算

一、单代号网络计划图的构成

单代号网络计划图也由许多节点和箭线组成,但是构成单代号网络计划图的基本符号含意与双代号网络计划图完全不同。在双代号网络计划图中,箭线表示具体的工作,节点表示工作之间的相互关系,为了正确表达双代号网络图各项工作之间的逻辑关系,需要引入虚工作;在单代号网络计划图中,节点表示具体的工作,而箭线表示工作之间的相互关系。因此,双代号网络计划也被称为"工作型网络计划",每项工作由箭尾和箭头的两个节点代号表示;单代号网络计划又被称为"节点型网络计划",每项工作用一个节点代号表示,所以称为单代号网络计划。

单代号网络计划图的基本符号有节点、箭线和代号等。

1. 节点

单代号网络计划图中,一个节点表示一项具体的工作,它可以用圆圈或方框表示。节点所表达工作的名称、持续时间和代号一般都标注在圆圈或方框内,如图2-27所示。

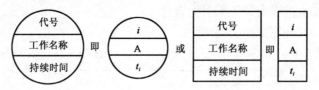

图2-27　单代号网络图节点表示方法

单代号网络计划图中节点表达工作,与双代号网络计划图中箭线表示工作一样,都具有广义工作概念。且在单代号网络计划图中,如果若干项工作同时开始,则要引入虚拟开始节点;有若干项工作同时完成时,则应引入虚拟终节点。虚拟的始节点和终节点均无工作名称,不占时间,不消耗资源,其目的是统一计算时间,保证一张网络图只有一个起点和一个终点。

2. 箭线

在单代号网络计划图中,箭线表示工作之间的相互关系。它与双代号网络计划图中的节点相同,既不占用时间,也不消耗资源,更不存在虚箭线。箭线的箭头方向表示工作的前进方向,有关箭线前后节点及平行节点的关系如图2-28所示。

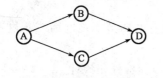

图2-28　工作间基本关系的箭线表示方法
A为B、C的紧前工作;B、C是平行工作;
D为B、C的紧后工作

3. 代号及编号规则

在单代号网络计划图中,一项工作只有一个代号,不得有重复代号。

单代号网络图的代号编号规则与双代号网络图相同,即箭尾节点工作代号应小于箭头节点工作代号。

4. 线路、关键线路和关键工作

单代号网络计划图中的线路、关键线路和关键工作,与双代号网络计划图相同。

二、单代号网络计划图的绘制

单代号网络计划图与双代号网络计划图所表达的进度计划内容是一致的,两者的本质区别是网络图的基本符号箭线和节点所表示的意义不同。因此,单代号网络计划图的绘制过程和双代号网络计划图一样,首先将工程项目划分为具体的工作,然后确定这些工作之间的逻辑关系,并确定或计算各项工作所需的持续时间,再采用逐节生长法绘制网络图,进行合理布局调整和网络图的正确性检查,最后绘出正确的网络图并予以节点编号。

1. 工作逻辑关系的表示方法

表2-6 所列是单代号网络图与双代号网络图工作逻辑关系表达方法的比较。

单代号与双代号网络图工作逻辑关系表达方法的比较　　　　表2-6

序号	工序逻辑		双代号网络图	单代号网络图
	紧前	紧后		
1	A B	B C	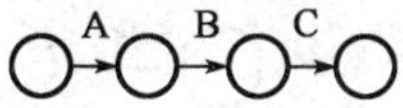 ○→A→○→B→○→C→○	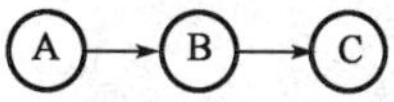 A→B→C
2	A	B C	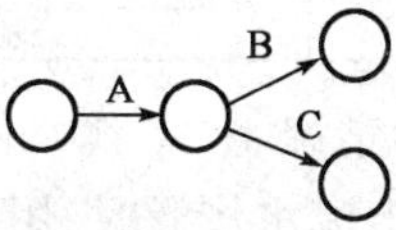 ○→A→○→B→○ 　　　　↘C→○	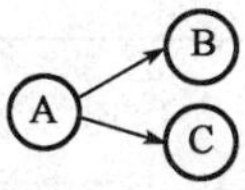 A→B 　↘C
3	A B	C	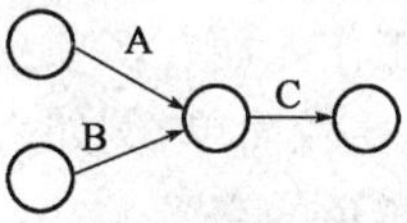 ○→A→○→C→○ ○→B→↗	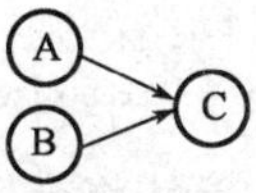 A→↘ B→→C
4	A B	C D	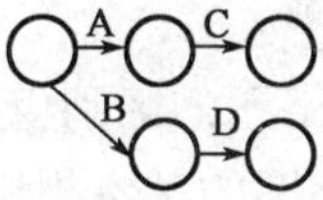 ○→A→○→C→○ ○→B→○→D→○	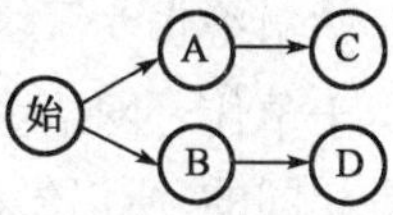 始→A→C 　↘B→D
5	A B	C、D D	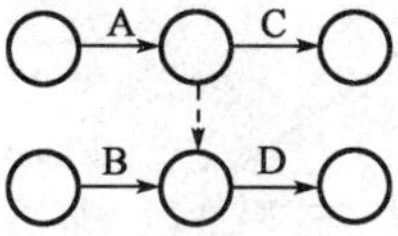 ○→A→○→C→○ 　　↓ ○→B→○→D→○	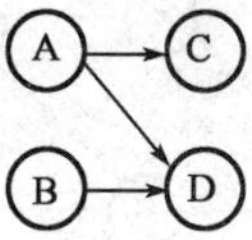 A→C B→D (with cross)
6	A B、C	B、C D	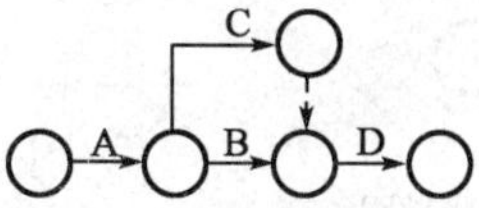 ○→C→○ ○→A→○→B→○→D→○	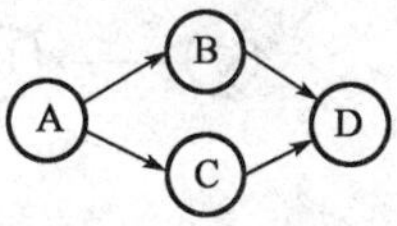 A→B↘ 　↘C→D
7	A、B	C、D	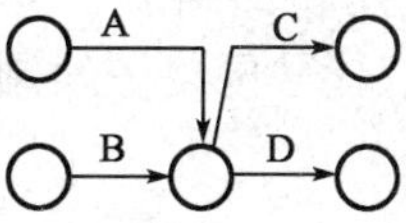 ○→A→○→C→○ ○→B→○→D→○	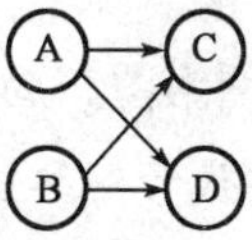 A→C (crossed with B→D)
8	A B C D、E	B、C D、E E F	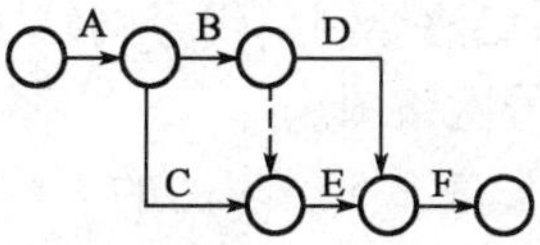 ○→A→○→B→○→D→○ 　　　　↓　　↓ 　　　　○→C→○→E→○→F→○	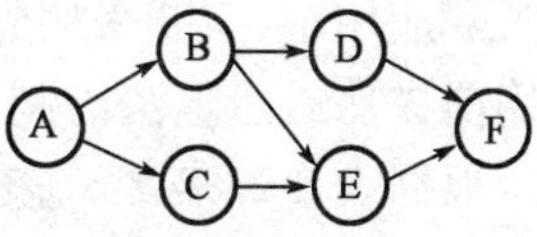 A→B→D↘ 　↘C→E→F

49

续上表

序号	工序逻辑 紧前	工序逻辑 紧后	双代号网络图	单代号网络图
9	A B C D E F G、H	B、C E、F D、E G G、H H I		
10	A、B、C	D、E、F		

从表2-6可以看出,在不同的情况下,单代号网络和双代号网络图的复杂程度是不相同的。一般多项工作在多个施工段上流水作业时,用单代号网络图比较简单,表2-6中序号9若用双代号网络图则要引入一些虚工作。而在多项工作相互交叉衔接时,即在多条箭线多出多进的情况下,用双代号网络图表达比较简单,例如表2-6中序号10若用单代号网络图时,则节点之间的箭线将会出现许多不可避免的交叉。

2. 绘制单代号网络图的基本原则

由于单代号网络图与双代号网络图的区别仅在于图形表达符号不同,而表达进度计划的内容是相同的,所以绘制双代号网络图的基本规则,在单代号网络图绘制中都应遵守。即一张单代号网络图也只能允许有一个起点和一个终点,且除网络图始节点和终节点外,其他中间节点,其前面至少必须有一个紧前工作节点,其后面至少必须有一个紧后工作节点,并以箭线相连接。如图2-29所示的单代号网络计划图,它的始节点和终节点都是虚设的,也不存在独立的中间节点。

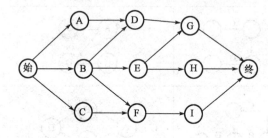

图2-29 虚拟始节点和终节点的单代号网络图

此外,单代号网络计划图中,一个代号只能代表唯一的某项工作,不允许出现闭合回路和不允许出现双向箭线或线段,避免使用反向箭线,以及网络图布局应合理等,与双代号网络图绘制规则完全相同。

3. 单代号网络图的绘图方法

绘制单代号网络计划图的方法,也可采用前进法、后退法和先粗后细法。项目工程进度计划实际应用中,主要采用先粗后细法绘制单代号网络图;确定工作之间的相互关系表后,多数采用前进法或后退法绘制单代号网络图。

根据表2-2、表2-3、表2-4和表2-5所表达的工作相互关系,运用前进法或后退法也可绘制单代号网络计划图,如图2-30、图2-31、图2-32和图2-33所示。

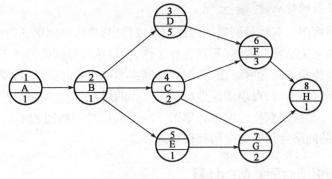

图 2-30

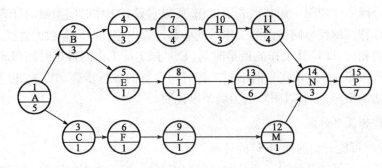

图 2-31

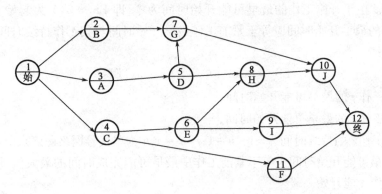

图 2-32

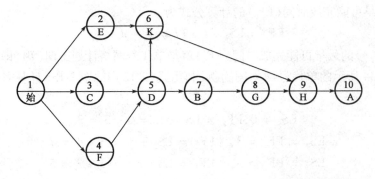

图 2-33

4. 单代号网络图的特点

通过单代号网络图与双代号网络图的比较可以看出,单代号网络图的绘制方法比较简单,图中各项工作的相互关系容易表达,不存在虚工作,使得单代号网络图便于检查与修改。但是单代号网络图不能绘制成时标网络图,而双代号网络图可绘成时标图,特别是双代号网络图按节点最早时间绘制时标图时,可以清楚地反映出工作的局部时差,所以进行进度计划下达和对网络计划优化时,经常采用双代号网络计划图。由于双代号网络图和单代号网络图各有优缺点,因此两种形式的网络计划图的应用都很普遍。

三、单代号网络图时间参数的计算

由于单代号网络计划图中用节点表示工作,所以它只有工作时间参数的计算,而不存在节点时间参数的计算。单代号网络图的工作时间参数计算内容和时间参数的含义及其计算目的与双代号网络图相同,即计算工作的最早时间(ES 与 EF)、工作的最迟时间(LF 和 LS)、工作的机动时间(TF 和 FF)等。单代号网络图工作时间参数的计算步骤和方法,以及计算公式与双代号网络图基本相同,下面以图算法为例予以说明。

1. 计算工作的最早时间

(1)工作最早可能开始时间(ES)的计算

计算工作的最早可能开始时间应从网络图起点开始,按箭线方向逐项工作进行计算,直到终点节点为止。由于开始工作的最早可能开始时间为零,即 $ES_1 = 0$(1 为起始节点即开始工作),其他工作的最早开始时间应等于紧前工作最早开始时间与其工作持续时间之和最大值,其计算公式为:

$$ES_j = \max\{ES_i + t_i\} = \max\{EF_i\} \tag{2-12}$$

式中:ES_j——工作 j 的最早可能开始时间;

ES_i——工作 i 的最早可能开始时间;

t_i——工作 i 的持续时间,$i = 1 \sim n-1$,$j = 2 \sim n$,n 为单代号网络图终点节点代号。

工作的最早可能开始时间也等于紧前工作中最早可能完成时间的最大值,即紧前工作全部完成本项工作才能开始。

(2)工作的最早可能完成时间(EF)的计算

工作的最早可能完成时间(EF_i)的计算公式为:

$$EF_i = ES_i + t_i \quad (i = 1 \sim n-1) \tag{2-13}$$

终点节点(n)的最早可能完成时间(EF_n)就是单代号网络计划工期(T),即 $T = EF_n$。

现以图 2-34 所示的单代号网络图为例,利用式(2-12)和式(2-13)计算各项工作的最早时间。

$$ES_1 = 0, EF_1 = ES_1 + t_1 = 0 + 3 = 3$$
$$ES_2 = EF_1 = 3, \quad EF_2 = ES_2 + t_2 = 3 + 4 = 7$$
$$ES_3 = EF_1 = 3, \quad EF_3 = ES_3 + t_3 = 3 + 2 = 5$$
$$ES_4 = EF_2 = 7, \quad EF_4 = ES_4 + t_4 = 7 + 3 = 10$$

$$ES_5 = \max\begin{Bmatrix}EF_2\\EF_3\end{Bmatrix} = \max\begin{Bmatrix}7\\5\end{Bmatrix} = 7, \quad EF_5 = ES_5 + t_5 = 7 + 4 = 11$$

$$ES_6 = \max\begin{Bmatrix}EF_4\\EF_5\end{Bmatrix} = \max\begin{Bmatrix}10\\11\end{Bmatrix} = 11, \quad EF_6 = ES_6 + t_6 = 11 + 4 = 15$$

$$ES_7 = \max\begin{Bmatrix}EF_3\\EF_5\end{Bmatrix} = \max\begin{Bmatrix}5\\11\end{Bmatrix} = 11, \quad EF_7 = ES_7 + t_7 = 11 + 3 = 14$$

$$ES_8 = \max\begin{Bmatrix}EF_6\\EF_7\end{Bmatrix} = \max\begin{Bmatrix}15\\14\end{Bmatrix} = 15, \quad EF_8 = ES_8 + t_8 = 15 + 5 = 20$$

根据 $T = EF_n$ 得计划工期 $T = EF_8 = 20$。

上述工作的最早时间计算结果标注在图 2-34 图例规定的位置。

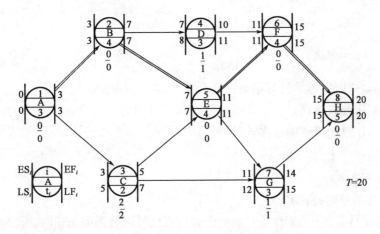

图 2-34　单代号网络图时间参数计算

2. 计算工作的最迟时间

(1) 工作的最迟必须完成时间 (LF) 的计算

计算工作的最迟时间应从网络图的终点开始,逆着箭线方向逐项工作地计算到起点。结束工作的最迟必须完成时间应保证总工期不被拖延,所以网络图终点节点的最迟必须完成时间应等于该节点的最早可能完成时间,即:

$$LF_n = EF_n = T$$

则:
$$LS_n = LF_n - t_n$$

本项工作 i 的最迟必须完成时间 LF_i 应等于紧后工作 j 的最迟必须完成时间 LF_j 与其工作持续时间 t_j 之差的最小值,即:

$$LF_i = \min\{LF_j - t_j\} = \min\{LS_j\} \tag{2-14}$$

即工作的最迟必须完成时间也等于紧后工作中最迟必须开始时间的最小者,这是因为任何一项工作的完成时间都不应影响紧后工作的最迟必须开始时间。

(2) 计算工作的最迟必须开始时间 (LS)

工作的最迟必须开始时间的计算公式为:

$$LS_i = LF_i - t_i \quad (i = n \sim 1) \tag{2-15}$$

再以图 2-34 为例，利用式(2-14)和式(2-15)计算单代号网络图各项工作的最迟时间：

$LF_8 = EF_8 = 20$，　$LS_8 = LF_8 - t_8 = 20 - 5 = 15$

$LF_7 = ES_8 = 15$，　$LS_7 = LF_7 - t_7 = 15 - 3 = 12$

$LF_6 = ES_8 = 15$，　$LS_6 = LF_6 - t_6 = 15 - 4 = 11$

$LF_5 = \min\begin{Bmatrix}LS_6\\LS_7\end{Bmatrix} = \min\begin{Bmatrix}11\\12\end{Bmatrix} = 11$，　$LS_5 = LF_5 - t_5 = 11 - 4 = 7$

$LF_4 = LS_6 = 11$，　$LS_4 = LF_4 - t_4 = 11 - 3 = 8$

$LF_3 = \min\begin{Bmatrix}LS_5\\LS_7\end{Bmatrix} = \min\begin{Bmatrix}7\\12\end{Bmatrix} = 7$，　$LS_3 = LF_3 - t_3 = 7 - 2 = 5$

$LF_2 = \min\begin{Bmatrix}LS_4\\LS_5\end{Bmatrix} = \min\begin{Bmatrix}8\\7\end{Bmatrix} = 7$，　$LS_2 = LF_2 - t_2 = 7 - 4 = 3$

$LF_1 = \min\begin{Bmatrix}LS_2\\LS_3\end{Bmatrix} = \min\begin{Bmatrix}3\\5\end{Bmatrix} = 3$，　$LS_1 = LF_1 - t_1 = 3 - 3 = 0$

以上工作的最迟时间参数计算结果标注在图 2-34 图例规定的位置。

由此可见，利用公式逐项计算工作的最早时间和最迟时间参数是很麻烦的。在单代号网络图中，控制性工作时间参数的计算，同样可以采用图上计算法直接计算，并将所得的计算结果直接标在图上，如图 2-34 所示。

3.计算工作的时差

(1)计算工作的总时差(TF)

在单代号网络计算图中，工作总时差的概念与双代号网络图完全相同，所以工作的总时差计算公式为：

$$TF_i = LS_i - ES_i - t_i$$

稍加变化可得：

$$TF_i = LS_i - ES_i = LF_i - EF_i \tag{2-16}$$

利用已经计算的各项工作最早开始和最迟开始时间，按式(2-16)可方便地计算各项工作的总时差：

$TF_1 = LS_1 - ES_1 = 0 - 0 = 0$，　$TF_2 = LS_2 - ES_2 = 3 - 3 = 0$

$TF_3 = LS_3 - ES_3 = 5 - 3 = 2$，　$TF_4 = LS_4 - ES_4 = 8 - 7 = 1$

$TF_5 = LS_5 - ES_5 = 7 - 7 = 0$，　$TF_6 = LS_6 - ES_6 = 11 - 11 = 0$

$TF_7 = LS_7 - ES_7 = 12 - 11 = 1$，　$TF_8 = LS_8 - ES_8 = 15 - 15 = 0$

其计算结果均列在图 2-34 节点旁图例规定处。

(2)计算工作的局部时差(FF)

单代号网络图中工作的局部时差概念也与双代号网络图相同，但是在单代号网络计划图中，本项工作有若干项紧后工作时，紧后工作的最早可能开始时间不一定相同。此时应取紧后工作最早可能开始时间的最小值，减去本工作的最早可能完成时间，用公式表达为：

$$FF_i = \min\{ES_j\} - EF_i - t_i$$

稍加变化可得：

$$FF_i = \min\{ES_j\} - EF_i \tag{2-17}$$

利用式(2-17)计算图 2-34 中工作的局部时差为：

$$FF_1 = \min\{ES_2, ES_3\} - EF_1 = 3 - 3 = 0$$

$$FF_2 = \min\{ES_4, ES_5\} - EF_2 = 7 - 7 = 0$$

$$FF_3 = \min\{ES_5, ES_7\} - EF_3 = 7 - 5 = 2$$

$$FF_4 = ES_6 - EF_4 = 11 - 10 = 1$$

$$FF_5 = \min\{ES_6, ES_7\} - EF_5 = 11 - 11 = 0$$

$$FF_6 = ES_8 - ES_6 = 15 - 15 = 0$$

$$FF_7 = ES_8 - ES_7 = 15 - 14 = 1$$

$$FF_8 = T - EF_8 = 20 - 20 = 0$$

各项工作局部时差的计算结果见图 2-34 所示。

4. 关键线路的确定

单代号网络计划图中确定关键线路的方法与双代号网络计划图基本相同，但由于单代号网络图没有节点时间参数计算，所以不存在用关键节点法来确定关键线路。因此，单代号网络图主要采用关键工作法确定关键线路，即连接工作总时差为零的关键工作自始至终的线路就是关键线路。在图 2-34 中关键工作为 A、B、E、F、H，由此连成的路线 1—2—5—6—8 即为关键线路，用双线标出见图 2-34。

小　结

本章主要介绍了公路工程项目施工进度常用的双代号网络计划、时间坐标网络计划和单代号网络计划绘制方法；双代号网络图、时标网络图与单代号网络图的绘图步骤，以及绘制双代号和单代号网络图的基本规则；网络图控制性与协调性时间参数的意义及其计算原理；双代号与单代号网络计划图中的关键线路确定方法等。

思　考　题

1. 双代号网络计划图由哪些要素组成？各个要素的含义是什么？
2. 双代号网络图中箭线表示工作的广义概念体现在哪些方面？
3. 为什么要对双代号网络图进行节点编号？其编号规则与编号方法有哪些？
4. 什么是线路、关键线路和关键工作？
5. 网络计划图中工作间的基本逻辑关系有几种？
6. 绘制工程进度计划双代号网络图时，哪些情况需要增设虚箭线？并举例予以说明。
7. 多设或少设虚箭线会带来什么影响？删除多余虚箭线的方法有哪些？
8. 绘制双代号网络图必须遵循哪些基本规则？

9. 绘制网络计划图的步骤是什么？
10. 网络图的绘制方法主要有几种？
11. 网络图时间参数的计算目的是什么？
12. 网络计划的时间参数是如何分类的？
13. 时间参数的计算假定有哪些？
14. 时间参数的计算方法有哪几种？
15. 双代号网络图应进行哪些时间参数计算？
16. 工作最早可能开始时间的计算条件是什么？计算顺序是什么？计算公式怎样表达？
17. 工作最迟必须完成时间的意义是什么？计算顺序是什么？计算公式怎样表达？
18. 工作的总时差概念及其性质是什么？
19. 工作局部时差的概念及其主要特点是什么？
20. 工作时差大小的计算有哪些意义？
21. 节点双、单代号网络图的含义有何区别？双代号网络图节点时间参数有哪些？
22. 双代号网络图的关键线路确定方法有几种？
23. 什么是关键节点？如何用关键节点判别关键工作和关键线路？
24. 双代号网络计划与时标网络计划比较有哪些优点与缺点？
25. 什么是时间坐标网络计划？
26. 时标图的概念是什么？时标图有哪些特点？
27. 时标网络计划的应用范畴有哪些？
28. 时标图的绘制方法有哪几种？各自用于何种条件？
29. 按节点最早时间和节点最迟时间绘时标图的步骤的共同点和本质区别在哪里？
30. 绘制时标图时应注意的事项有哪些？
31. 单代号网络图的构成的基本符号有哪些？它与双代号网络图的基本符号的本质区别是什么？
32. 单代号网络图何种情况下工作逻辑关系的表达比较简单？何种条件下不可避免许多箭线交叉？
33. 单代号网络图的绘图规则与双代号网络图哪些相同？哪些不同？
34. 单代号网络图有哪些特点？
35. 单代号网络图时间参数的计算与双代号网络图时间参数计算的相同点和不同点各是什么？
36. 单代号网络图关键线路的确定方法有哪些？

练 习 题

一、判断题

1. 网络计划中只有一条最长的线路，此线路上所有工作的机动时间为零，称之为关键线路；不在这条线路上的工作都是非关键工作，都有一定的总时差。　　　　　　（　　）
2. 工程项目施工中，如果某项工作延误未超过其总时差，那么不影响其总工期，但对后续

工作的有些时间参数有影响。   (   )

3. 在关键线路上的工作都是关键工作,不在关键线路上的工作都是非关键工作,所以非关键线路上的工作也都是非关键工作。   (   )

4. 双代号网络图中节点最早时间定义为该点后所有工作的最早开始,也可看成该节点前工作的最早完成。   (   )

5. 工作的总时差一般用于控制网络计划的总工期,工作的局部时差则用于控制其紧后工作,工作的局部时差总是小于等于其总时差。   (   )

6. 双代号网络计划图与单代号网络计划图的本质区别在于是否存在虚工作。   (   )

7. $ES_{(2,5)} = 8d$ 表示工作(2,5)的最早可能开始时间在第8d开始作业。   (   )

8. 当网络计划中的非关键线路延长时,关键线路就转变为非关键线路。   (   )

9. 关键线路上所有节点的最早时间一定等于该节点最迟时间,且所有工作的总时差一定为零。   (   )

10. 单代号网络图与双代号网络图比较,除箭线和节点含义相反外,它们所表达的进度计算内容是一致的。   (   )

11. 题图2-1是否正确?   (   )

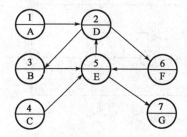

题图 2-1

12. 某单孔桥两桥台基础工程采用明挖施工,工艺过程为挖坑、地基处理、砌基础、回填土,绘制流水施工的双代号网络图如题图2-2,试判断是否正确?   (   )

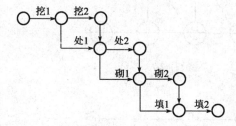

题图 2-2

13. 题图2-3是否正确?   (   )

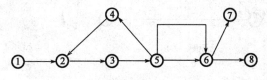

题图 2-3

14. 题图 2-4 是否正确？　　　　　　　　　　　　　　　　　　　　　　　　　　（　）

15. 题图 2-5 是否正确？　　　　　　　　　　　　　　　　　　　　　　　　　　（　）

16. 题图 2-6 是否正确？　　　　　　　　　　　　　　　　　　　　　　　　　　（　）

17. 题图 2-7 是否正确？　　　　　　　　　　　　　　　　　　　　　　　　　　（　）

18. 题图 2-8 是否正确？　　　　　　　　　　　　　　　　　　　　　　　　　　（　）

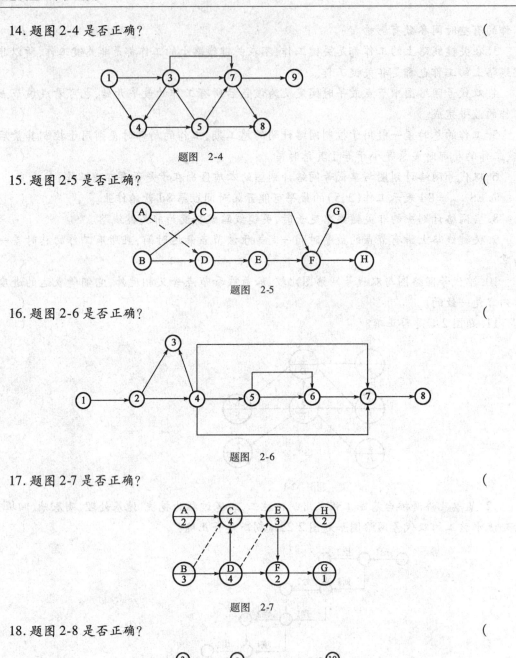

题图 2-4

题图 2-5

题图 2-6

题图 2-7

题图 2-8

二、绘制网络图

根据题表 2-1～题表 2-4 所列工作逻辑关系，分别绘制双代号网络图和单代号网络图。

题表 2-1

工作名称	A	B	C	D	E	F	G	H
紧后工作	B、C	E、F	E、F	E	G	H	I、J	J

题表 2-2

工作名称	A	B	C	D	E	F	G	H	I	J
紧后工作	D	C	E、F	G、H	H、I	—	J	J	—	—

题表 2-3

工作名称	A	B	C	D	E	F	G	H	I
紧前工作	—	A	A	A	B、C	C	D、E	E、F	G、H

题表 2-4

工作名称	A	B	C	D	E	G	H	I	J
紧前工作	B、C、D	E、H	H	G、I	J	H	K	K	K

三、网络图时间参数计算

计算题图 2-9 ~ 题图 2-12 时间参数并确定关键线路。

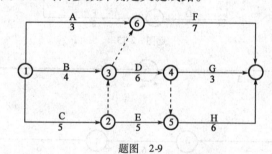

题图 2-9

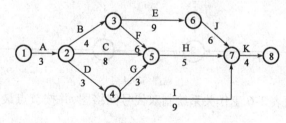

题图 2-10

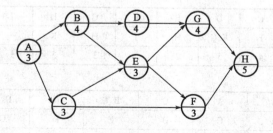

题图 2-11

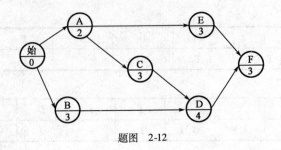

题图 2-12

四、绘制时标图

1. 计算题图 2-13、题图 2-14 双代号网络图节点时间参数,并按节点最早时间和最迟时间绘制时标图。

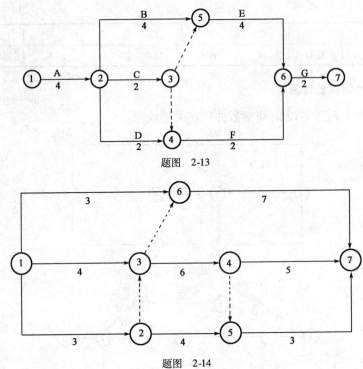

题图 2-13

题图 2-14

2. 根据题表 2-5、题表 2-6 工作关系绘制双代号网络图,并按节点最早时间和节点最迟时间标画时标图。

题表 2-5

工作名称	A	B	C	D	E	F	G	H	I	J	K	L
紧后工作	B、C、D	E、I	F	F、G	H	J	H	K	—	L、K	—	—
持续时间	4	3	4	5	2	5	3	5	3	5	3	2

题表 2-6

紧前工作	—	A	A	C	B、C	B	D、E	E、F	G、H
工作名称	A	B	C	D	E	F	G	H	I
持续时间	3	2	4	5	3	4	2	1	2

第三章 网络计划的优化

通过分解公路工程项目,依据各项工作之间的逻辑关系,绘制网络计划图,并计算各类时间参数和确定关键线路,便得到一个初始的网络计划。但是它可能有一些尚未解决的问题,比如计划工期超出了合同的规定,资源供不应求,费用消耗太高等,因此还需综合考虑时间、费用和资源等情况以及它们之间的关系,即网络计划的优化问题。

网络计划的优化,是在既定的条件下,对初步拟定的网络计划方案,利用时差不断调整和改善,使之达到工期最短、成本最低、资源最优的目的。衡量网络计划是否达到最优,应综合评定工期、成本、资源消耗等技术经济指标,但是目前还没有一个能全面反映这些指标的数学模型。因此,只能根据不同的既定条件,按某一期望实现的目标,来衡量是否达到最优计划方案。对某项工程而言,如在技术资源有限的条件下,希望施工进度最快,即资源有限、工期最短的优化;如既要保证按期完工,又要求投资最省,应寻求工期限定、成本最低的计划方案。

项目实际工程进度网络计划的优化,只能根据具体条件进行单项指标优化。即时间优化条件是资源有限、工期最短;成本优化条件为工期限定、成本最低;资源优化条件则为工期限定、资源均衡。随着不同的优化目标,存在着不同的网络计划的优化理论和方法。但其共同之处在于:各种优化理论与方法均以初始网络计划为基础,通过不断调整网络计划的时间参数,寻找最优的网络计划方案。

第一节 网络计划的时间优化

时间是一种特殊的资源。对工期要求紧迫的施工任务,应千方百计采取措施,调整修改初始网络计划,以达到时间最短的目的,或者满足指令工期的要求。即使初始网络计划的工期没有超过指令工期,也要进一步分析讨论初始网络计划,挖掘时间潜力,使计划时间最短,提前完成施工任务。这种以工期为目标调整初始网络计划的过程,称为网络计划的时间优化。

一、时间优化的措施与途径

网络计划的工期取决于关键线路上工作持续时间之和,因此,缩短关键工作的持续时间是网络计划时间优化的基本思路之一。它以关键线路为研究对象,选择合理的工期缩短方案,从而避免盲目加快施工进度可能造成的浪费现象,并获得时间最优的效果。在网络计划的时间优化中,缩短工期主要是通过调整施工组织、压缩关键工作持续时间和计划外增加资源等措施来实现的。

1. 将连续施工的工作改为平行作业

工作 A、B、C 原计划安排为顺序作业,为了缩短时间,可以将这 3 项工作调整为平行作业,如图 3-1 所示。这样网络计划的持续时间就由原来的 15d 缩短为 6d。

2. 将顺序作业调整为流水作业

几项顺序作业的工作,若紧前工作部分地完成后其紧后工作就可以开始,则这些工作就可以采取流水作业的方式来完成。例如隧道工程施工中的掘进 A、支模 B、衬砌 C 这 3 项工作,若顺序施工需要 60d,但是将 A、B、C 分别分成 3 个施工段进行流水作业,就可以使工期缩短到 40d,如图 3-2 所示。

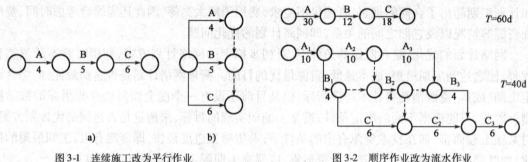

图 3-1　连续施工改为平行作业　　图 3-2　顺序作业改为流水作业

3. 缩短关键工作的持续时间

在网络计划中,关键线路控制着任务的总工期,其主要措施是压缩关键工作的持续时间以达到缩短工期的目的。

4. 相应地延长非关键工作的持续时间

有时还可以采用延长非关键工作的持续时间,而将人力、物力调到关键工作上去,以便达到压缩关键工作持续时间、缩短工期的目的。

5. 从计划外增加资源

从原计划外增加资源供应,即增加机械设备、运输车辆、劳动力、材料供应等的办法来加快关键工作的完成。

时间优化的途径在于缩短网络计划的工期。缩短工期常用方法有平均压缩关键工作持续时间、依次压缩关键工作持续时间、选择压缩关键工作持续时间 3 种。当初始网络计划的计划工期与指令工期差值不大时,可采用平均加快关键工作持续时间法;当计划工期与指令工期相差较大时,通常按施工工艺要求,并根据技术可行、经济合理原则,事先选择若干项关键工作来压缩其工作持续时间;选择缩短法是在网络计划的关键线路上有的放矢地选择某些工作来缩短其作业持续时间。

上述缩短工期的 3 种方法,现以图 3-3 为例予以说明。由图 3-3 计算网络图节点时间参数、计划工期(T)并确定关键线路;若指令工期 $\lambda = 53d$,按以上 3 种方法计算如下。

计算初始网络计划图节点时间参数并确定关键线路,见图 3-3。计划工期 $T = 65d$,所以 $\Delta T = T - \lambda = 65 - 53 = 12 - d$。

(1)平均压缩关键工作持续时间法:将 $\Delta T = 12d$ 平均分配到 6 项关键工作上,每项关键工

作应压缩的时间为 $\Delta t = \dfrac{12}{6} = 2d$。

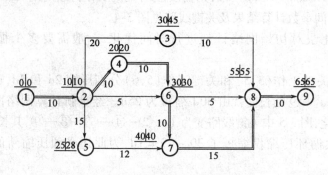

图 3-3 初始网络计划

(2) 依次压缩关键工作持续时间法：根据实际情况依次选择关键工作(1,2)、(2,4)、(4,6)均压 2d,(6,7)压 1d,(7,8)压 3d,(8,9)压 2d,共计压缩工期 12d。

(3) 选择压缩关键工作持续时间法：最简单的情况可选择关键工作(1,2)和(8,9),共压缩工期 12d。

二、时间优化的方法

网络计划时间优化的基本方法是循环优化法。缩短工期的着眼点是关键线路,因此必须从关键线路入手。循环优化法的基本原理是：计算初始网络计划图的计划工期并确定关键线路;将计划工期与指令工期比较,求出需要缩短的时间;采取适当的时间优化途径压缩关键工作持续时间,从而压缩关键线路的长度,并重新确定网络计划图新的关键线路。此时,如果计划工期小于或等于指令工期,时间优化即告完成;否则,按上述同样的步骤,再次压缩关键线路的长度,直到满足指令工期要求为止。

需要指出的是,当网络计划图同时存在多条关键线路时,必须同时压缩各条关键线路的长度,才能达到指令工期的要求。如果需要得到网络计划最短工期,也可按以上方法循环压缩关键线路的长度,直到网络计划中关键线路不能再缩短为止,此时得到的计划工期就是网络计划的最短工期。循环优化法的求解步骤举例说明如下。

设某项工程任务的初始网络计划始图 3-4 所示,若指令工期 $\lambda = 25d$,试采用循环优化法压缩关键线路长度,以满足指令工期的要求。

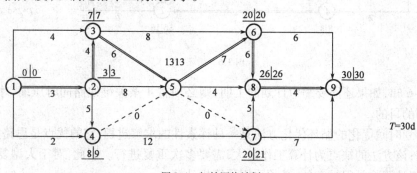

图 3-4 初始网络计划

首先计算初始网络计划图的节点时间参数,得到计划工期 $T = 30d$,再计算计划工期与指令工期的差值,即 $\Delta T = T - \lambda = 30 - 25 = 5d$,则需要压缩关键工作持续时间 5d,才能满足指令工期的要求。网络图时间参数计算结果及关键线路见图 3-4。

然后运用循环优化法对初始网络计划进行时间优化,一般需要多个循环步骤才能完成。

循环 1 假定选择关键工作(3,5)和关键工作(5,6)分别压缩 2d 和 3d,这样关键线路①—②—③—⑤—⑥—⑧—⑨的长度就由 30d 缩短为 25d。经重新计算网络图时间参数发现,关键线路发生了变化,图 3-5 中关键线路变为①—②—④—⑦—⑧—⑨,其长度为 29d。可见计划工期通过第一次循环压缩仅缩短了 30 - 29 = 1d,为此还必须压缩新的关键线路长度 4d。

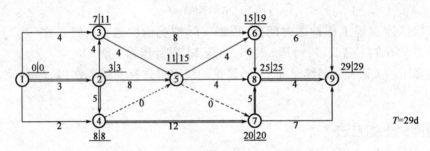

图 3-5 循环 1

循环 2 假定选择压缩新关键线路上的工作(4,7)4d,这样新关键线路①—②—④—⑦—⑧—⑨的长度由 29d 缩短为 25d。重新计算网络计划的时间参数,其结果表明关键线路又发生了变化(图 3-6),其长度为 25d。此时关键线路有 4 条,这 4 条关键线路的长度均为 25d,等于指令工期,时间优化结束。

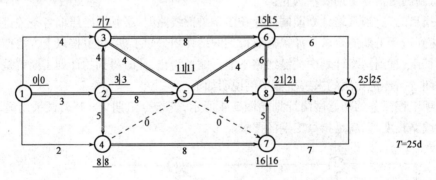

图 3-6 循环 2

由图 3-6 知,如果还需要缩短计划的工期,则必须将 4 条关键线路同时压缩,才能达到缩短计划工期的目的。

网络计划时间优化的循环优化方法是一种探索性的求解过程,它的优点是思路简单、便于理解和掌握;该方法的缺点为计算工作量大,需要多次重复进行。因此,对于大型复杂的网络计划图,手工计算将是很繁杂的,必须采用计算机计算。

第二节　网络计划工期与成本优化

上节所介绍的网络计划的时间优化,是在没有考虑工程成本消耗的条件下进行的。在一般项目施工中要加快某项工作,通常都需要增加劳动力、材料供应、机械设备等,而这些增加均会引起成本的加大,因此工程成本与工期有着密切的关系。对某一个项目而言,既不能简单地认为缩短工期就会增加成本,也不能认为延长工期就会降低成本,这就是一个时间与费用的优化问题,即网络计划工期与成本的优化。

一、工程成本的组成及其与工期的关系

1. 工程费用组成

工程费用一般是指通过施工生产活动的兴工动料而形成建筑安装工程所具备的价值或工程价值的货币表现。工程价值又是以工程成本为基础,由于受公路工程自身特点的影响,其工程成本差异很大。根据我国现行的费用定额规定,工程费用由直接成本、间接成本、利润和税金组成。其中,主要组成为工程成本,利润和税金等在工程费用中所占比例较小。

2. 工程直接成本

工程直接成本,即直接费是指完成某一建设项目的施工任务而直接消耗在工程上的费用,亦即直接使生产资料转移而形成工程实体所投入的费用。它包括消耗在施工中的人工费、材料费、机械使用费,而其他直接费有冬季施工增加费、雨季施工增加费、夜间施工增加费、特殊地区施工增加费、安全及文明施工措施费、行车干扰工程施工增加费、施工辅助费、工地转移费、临时设施费9项;直接成本决定了工程费用乃至工程造价,它本身取决于设计方案、施工方法、定额及费率等因素。

3. 间接成本

间接成本是指完成项目施工任务而间接发生的费用,不直接发生在工程项目上,而是间接为工程项目服务所发生的费用。间接成本包括企业管理费用和规费,其中,规费系指法律、法规、规章、规程规定企业必须缴纳的费用,包括失业保险费、养老保险费、医疗保险费、工伤保险费、住房公积金。企业管理费系指施工企业为组织施工生产经营活动所发生的管理费用,包括基本费用、主副食运费补贴、职工探亲路费、职工取暖补贴、财务费用。财务费用是指企业为筹集资金而发生的各项费用,包括企业经营期间短期贷款利息净支出、汇兑净损失、调剂外汇手续费、金融机构手续费,以及企业筹集资金发生的其他财务费用。

4. 工期与直接成本的关系

一般情况下,无论采用什么方法加快施工进度,工程的直接成本都将增加。然而当直接成本增加到某一限值时,再增加直接成本,也不能再缩短工作的持续时间,此时的工期为工程的最短工期,它所对应的费用为最高直接成本。若以纵轴表示工程直接成本,横轴表示时间,则

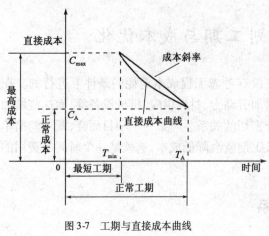

图 3-7　工期与直接成本曲线

工期与直接成本的关系曲线如图3-7所示。

由图3-7知,直接成本曲线反映了工程的直接成本随着工期的缩短而增加。一般为了简化计算,假定工程直接成本曲线以成本斜率直线替代,其斜率计算公式为:

$$成本斜率 K = \frac{最高成本(C_{max}) - 正常成本(C_A)}{正常工期(T_A) - 最短工期(T_{min})}$$

即

$$K = \frac{C_{max} - C_A}{T_A - T_{min}} \quad (3-1)$$

K 的意义是每缩短单位时间直接成本的变化率,若时间单位为天,则成本斜率表示每缩短1d时间所需增加的直接成本。

二、工期与成本优化方法

1. 工期与成本优化原理

根据确定的工作关系绘制正确的初始网络计划图;分析各项工作在正常工期状态下所需的持续时间和直接成本,以及在最短工期状态下所需的持续时间和直接成本;按式(3-1)计算出各项工作的成本斜率;然后对初始网络计划进行时间参数计算,求出计划工期并确定关键线路,从而得到该计划工期时的直接成本;初始网络计划由正常工期到最短工期时直接成本不断变化的过程曲线即为所求的计划工期与直接成本曲线;一般假定间接成本按计划工期比例分摊、经验系数或估算等方法,确定计划工期与间接成本为线性关系,并叠加直接成本和间接成本得到计划工期与工程总成本关系曲线;最后从总成本曲线图上分析,总成本最低时对应的时间就是网络计划的最优工期。

2. 循环压缩工作持续时间的条件

从上述工期与成本优化的原理可知,压缩工期必须缩短关键线路的长度,而关键线路长度的缩短又必须通过压缩关键工作的持续时间来完成。所以被选作压缩的各项工作应满足下列条件:

(1)必须是关键线路上的工作;
(2)该工作的持续时间不短于其最短工期;
(3)它的成本斜率是关键线路上可压缩工作中的最小值。

每缩短一次关键工作的持续时间,得到新的计划工期和相应的工程直接成本、间接成本及工程总成本,以此为一个循环,直到关键工作持续时间达到其最短工期再不能压缩为止。

下面根据图3-8所示初始网络计划及表3-1所列数据,说明网络计划工期与成本的优化方法。

图中,箭线下方及右边的括号外数字为工作正常工期,括号内数字为工作最短工期;工作G持续时间不能压缩。

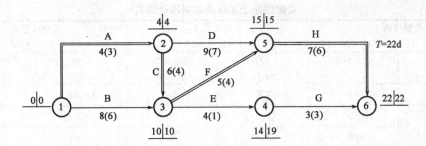

图 3-8 初始网络计划图

各项工作有关资料表　　　　　　　　　　　　　　　　　　表 3-1

工作名称	工作代号	正常工期 时间(d)	正常工期 成本(千元)	最短工期 时间(d)	最短工期 成本(千元)	成本斜率(千元/d)
A	(1,2)	4	42	3	56	14
B	(1,3)	8	80	6	112	16
C	(2,3)	6	100	4	120	10
D	(2,5)	9	108	7	120	6
E	(3,4)	4	100	1	220	40
F	(3,5)	5	30	4	48	18
G	(4,6)	3	30	3	30	不压缩
H	(5,6)	7	120	6	150	30
总成本		610		856		

(1) 计算计划工期与工程直接成本

计算原始网络计划图节点时间参数,得出计划工期 $T = 22d$,并确定其关键线路为①—②—③—⑤—⑥,此时直接成本为 610 千元,见图 3-8 和表 3-1。

从表 3-1 可以看出,在图 3-8 关键线路中,工作 C 代号为 (2,3) 的成本斜率最小,因此首先将关键工作 C 压缩 1d。这时直接成本为 $610 + 10 = 620$ 千元,关键线路没有变化,计划工期变为 $T = 21d$;而关键工作 C 还可以再压缩 1d,计划的直接成本变为 $620 + 10 = 630$ 千元,且计划工期变成 $T = 20d$。这时称为第一次循环,如图 3-9 所示。关键线路有所变化,除①—②—③—⑤—⑥外又增加了两条新的关键线路①—②—⑤—⑥和①—③—⑤—⑥,使其关键线路变成 3 条,这 3 条关键线路的成本斜率计算结果见表 3-2。

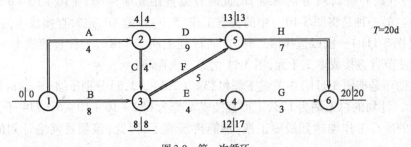

图 3-9 第一次循环

注:* 为最短工期

关键线路上工作成本斜率计算表 表 3-2

关键线路 I 1—2—3—5—6		关键线路 II 1—2—5—6		关键线路 III 1—3—5—6	
工作 (i,j)	成本斜率 (千元/d)	工作 (i,j)	成本斜率 (千元/d)	工作 (i,j)	成本斜率 (千元/d)
(1,2)	14	(1,2)	14	(1,3)	16
(2,3)	10	(2,5)	6	(3,5)	18
(3,5)	18	(5,6)	30	(5,6)	30
(5,6)	30				

第二次循环要进一步缩短工期,必须同时压缩图 3-9 中 3 条关键线路的长度,此时有两种工期缩短方法。第一种方法,因关键工作(2,3)已不能再压缩持续时间,而关键线路 I 中工作(1,2)的成本斜率最小,故将其压缩 1d,同时关键线路 II 的长度也被缩短了 1d;关键线路 III 中的工作(1,3)的成本斜率最小,因而先压缩 1d。这时工期 $T = 19d$,计划的直接成本变为 630 + 14 + 16 = 660 千元,如图 3-10a)所示。第二种方法,关键线路 I 和关键 II 缩短工期的方法同第一种方法,而关键线路 III 中压缩工作(3,5)1d,这时关键线路 I 的长度缩短到 18d,故最好将关键工作(2,3)持续时间恢复到 5d。此时计划工期仍压缩到 19d,而其直接成本为 620 + 14 + 18 = 652 千元,比第一种方法节省直接成本 660 - 652 = 8 千元,见图 3-10b),所以第二种方法更有利。

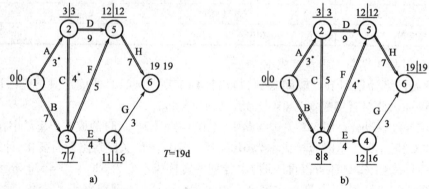

图 3-10 第二次循环(注:* 为最短工期)

第三次循环是将工期缩短到 18d,这时也可以采用两种方法。一种是将图 3-10b)中的关键工作(1,3)、(2,3)、(2,5)分别压缩 1d,此时计划直接成本为 652 + 16 + 10 + 6 = 684 千元,见图 3-11a)。另一种是将图 3-10b)中的关键工作(5,6)压缩 1d,这时直接成本为 652 + 30 = 682 千元,见图 3-11b)。所以选择第二种方法,计划工期 $T = 18d$,工程直接成本为 682 千元,比第一种方法节省直接成本 2 千元,图 3-11 为第三次循环。

第四次循环是把图 3-11b)中关键工作(1,3)、(2,3)、(2,5)分别压缩 1d,这时网络计划如图 3-12 所示。计划的总工期为 17d,工程直接成本变为 682 + 16 + 10 + 6 = 714 千元。此时关键线路 I 上的所有工作均达到最短工期,不能再压缩了,因此,该项目网络计划的最短工期为 17d。

如果把所有工作都压缩到最短时间来完成,如图 3-13 所示,计划工期仍然是 17d,这时由

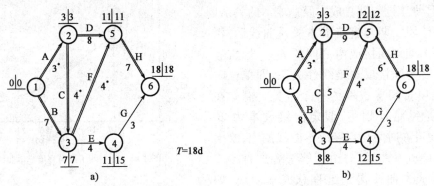

图 3-11　第三次循环(注：*为最短工期)

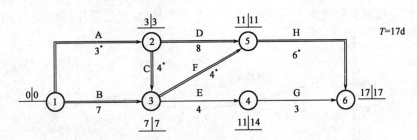

图 3-12　第四次循环(注：*为最短工期)

表 3-1 知计划的直接成本为 856 千元。

由图 3-13 知,计划中全部工作均采用最短工期的方案并非成本达到最优消耗。这正是我国著名数学家华罗庚教授指出的,应用网络计划技术时要"向关键线路要时间,向非关键线路要费用"的原因之一。

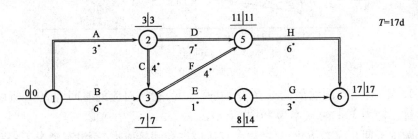

图 3-13　均达最短工期网络图(注：*为最短工期)

由以上各个循环压缩过程,得到计划工期与工程直接成本数据如表 3-3 所示,据此绘制计划工期与直接成本曲线如图 3-14 所示。

表 3-3

计划工期(d)	17	18	19	20	21	22
直接成本(千元)	714	682	652	630	620	610

一般情况下,上述各个循环压缩过程的结果可以认为是一定条件下的最优解。原因是每次压缩关键工作的持续时间,都是选择其成本斜率最小的工作,即计划的工期缩短后,工程直接成本的增加最少。

(2) 计划工期与间接成本及总成本的关系

得到计划工期与直接成本关系曲线后,再求出计划工期与间接成本之间的关系,通常假设计划工期与间接成本是线性关系,即单位时间内工程项目间接成本为一个常数。例如在图3-8初始网络计划中,假定间接成本为20千元/d,便可在时间与直接成本曲线图上,绘出时间与间接成本曲线,并由图解法叠加直接成本和间接成本曲线得到工程总成本曲线,如图3-15所示。总成本曲叠线上的最低点就是项目的最优计划方案,此方案对应的成本和时间分别为计划的最低成本和最优工期,即工程项目总成本最低相应的时间为最优工期。

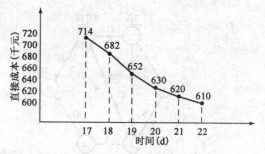

图3-14 计划的工期与直接成本曲线

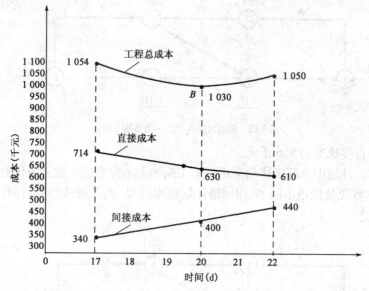

图3-15 工期与成本关系曲线

由图3-15知,总成本曲线最低点 B 为1 030千元,它所对应的时间为20d,所以该工程项目计划的最优工期为20d,总成本为1 030千元。

上述例题中工期与成本优化,只考虑了直接成本和间接成本,而没有考虑工程费用中的其他因素,例如暂定金额、计日工费、利润、税金以及工期提前获利情况等。如果图3-8网络计划中的工程项目提前投入使用1d,可收费10千元,那么把工期定为17d,比计划工期20d提前3d,则可收费30千元,此时工程总成本增加 $1 054 - 1 030 = 24$ 千元 < 30 千元,因此工期决策为17d的方案更为合理。

由计划工期与工程成本优化的实践知,一般只要求出有关关键工作的数据即可。由于关键工作在整个网络计划中所占比例较少,所以只需对少量关键工作仔细分析就可以了;而且在实际优化过程中,还可以假定工作的直接成本曲线为一条直线,使其计算更加简便实用。

3. 工期与成本优化步骤

通过上面的例子可以总结出网络计划的工期与成本优化步骤如下:

（1）按正常工作时间绘制初始网络计划图，并计算计划工期和完成计划的工程直接成本。如计划工期超过指令工期，应先进行时间优化。

（2）调查研究确定整个计划的各项工作最短工期及其工程直接成本，并按式(3-1)计算直接成本的斜率。

（3）根据成本最小原则，找出关键线路上直接成本斜率最小的工作优先压缩时间，使其工程直接成本增加最小。

（4）循环计算加快某项关键工作后计划的总工期和直接成本，并重新确定关键线路，直到关键线路上工作均达到最短工期再不能压缩为止。

（5）将工期与直接成本计算结果绘制成直接成本曲线。

（6）假定工期与间接成本呈线性关系，绘制其间接成本曲线，叠加直接成本和间接成本曲线，便可得到计划的总成本曲线。

（7）利用图解法求出总成本曲线上最低点对应的工作时间，即为该项目计划的最优工期。

第三节　网络计划的资源优化

一、资源优化的含义

项目施工进度网络计划初步编制时，不仅与工作之间的逻辑关系、工作持续时间有关，而且与劳动力、材料、施工机具设备等资源条件有关。离开了资源供应条件就无计划可言，在计划的编制、调整和修改时均以资源条件为基础，同一项目施工中由于资源条件不同，其计划也不相同。既考虑施工技术组织条件，又考虑资源供应条件的工程进度计划称为资源进度计划。

初步拟定网络计划以后，其资源进度计划可能出现以下两种不合理现象：一是在某种时间范围内所消耗的资源数量超过实际提供的资源数量，导致开工不足，工期延误；二是资源进度计划不均衡，出现忽高忽低的大起大落现象，给施工组织管理带来困难，影响承包人的经济效益。针对以上两方面的问题，最好的解决办法有两种：一种为资源数量有限时，寻找完成计划的最短工期；另一种为工期限定的条件下，力求使资源均衡利用。网络计划资源优化的目的，就是要合理地安排工程进度，解决资源的供求矛盾或实现资源的均衡供应。

因此，资源优化通常有两种不同的目标。

1. 工期规定资源均衡

在工期规定的条件下，合理安排项目各项工作进度，实现资源的均衡利用。

2. 资源有限工期最短

在资源供应受限的情况下，安排项目各项工作进度，力求使计划的工期最短。

无论要达到哪一种资源优化目标，都要通过重新安排某些工作，使初始网络计划的工期和资源调配情况得以调整与改善，从而达到预期的目的。对网络计划中某些工作的重新安排，通常是通过调整非关键工作而实现的。一般对非关键工作进行调整的方法有：

(1) 利用工作机动时间,推迟或提前某些非关键工作的开始时间。

(2) 在项目实际施工条件允许的情况下,可在资源需求量超限的时段内中断某些非关键工作,以便减少资源的需要量。

(3) 改变某些非关键工作的作业持续时间,相应减少其资源用量。

下面分别介绍工期规定资源均衡和资源有限工期最短两种资源优化的原理和具体方法。值得注意的是,无论哪种资源优化问题都比较复杂,其计算工作量也很大,只有当网络计划中工作项目较少时,才便于徒手计算。当网络计划中工作项目较多(超过50)时,手算时间和经济条件均不允许,必须借助计算机进行计算。这里所介绍的资源优化方法和原理,可作为进一步使用和编制电子计算机程序进行电算的基础。

二、工期规定资源均衡

1. 资源均衡性评价标准

工期规定资源均衡是在不延长总工期的前提下,调整非关键工作的开始时间,达到资源尽可能均衡的目的。根据资源分布函数的均方差、极差和资源需要量变化的频繁程度等指标,来衡量资源是否均衡。上述指标越小,说明资源越均衡。在实际工作中,很难使上述指标都达到最小,因此往往根据所需均衡的资源选一种最合适的指标作为衡量标准。下面以资源函数的均方差为例予以说明。

设 T 为项目施工总工期;$\overline{R}$ 为资源需要量的平均强度或称平均资源需要量;$R(t)$ 为 t 时刻资源需要量或称为资源强度;σ^2 为资源分布函数的均方差。则均方差表达式为:

$$\sigma^2 = \frac{1}{2}\int_0^T [R(t) - \overline{R}]^2 dt = \frac{1}{T}\int_0^T R^2 dt - \frac{2\overline{R}}{T}\int_0^T R(t) dt + \overline{R}^2 = \frac{1}{T}$$

$$\int_0^T R^2(t) dt - \frac{2\overline{R}}{T}\overline{R}T + \overline{R}^2 = \frac{1}{T}\int_0^T R^2(t) dt \overline{R}^2 \tag{3-2}$$

要使 σ^2 最小,即使 $\int_0^T R^2(t)dt$ 为最小(因为 T、$\overline{R}$ 为常数)。

图 3-16 是同一工程的 3 个不同计划相应的资源需要量动态曲线。

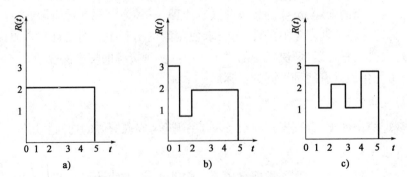

图 3-16 同一工程 3 种资源需要量动态曲线图

因为资源需要量曲线为柱状分布图,所以:

$$\int_0^T R^2(t) dt = R_1^2 + R_2^2 + \cdots + R_T^2 = \sum_{i=1}^T R_i^2 \tag{3-3}$$

要使 σ^2 最小,即使 $\sum_{i=1}^{T} R_i^2$ 的值为最小。

图 3-16b)中 $\sum_{i=1}^{5} R_i^2 = 3^2 + 1^2 + 2^2 + 2^2 + 2^2 = 22$

图 3-16c)中 $\sum_{i=1}^{5} R_i^2 = 3^2 + 1^2 + 2^2 + 1^2 + 3^2 = 24$

所以图 3-16b)较图 3-16c)均衡。

而图 3-16a)中 $\sum_{i=1}^{5} R_1^2 = 2^2 \times 5 = 20$

显然图 3-16a)的均衡性最好。

2. 削峰填谷法优化原理

以上分析得出最理想的资源均衡图是一个矩形图,如图 3-16a)所示,即整个网络计划在每个单位时间内的资源需求量保持不变。当然要得到这种理想的计划是不可能的,但是如果求出每单位时间内资源的平均需要量,将对整个资源的均衡性调整有所帮助。这里所介绍的"削峰填谷法"资源优化原理就是要近似地达到这个平均值,实现工期规定的资源均衡。

削峰填谷法基本原理如图 3-17 所示。

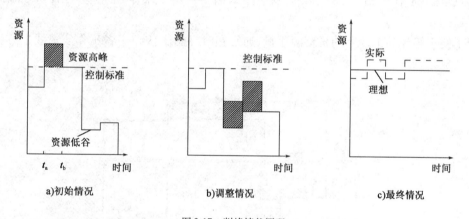

图 3-17 削峰填谷原理

首先,计算初始网络计划的节点时间参数,确定关键线路,并按节点最早时间绘时标图、资源逐日需要量调配图;其初始情况如图 3-17a)所示,找出整个计划中的资源最高峰段($t_a \sim t_b$),选择位于该高峰时段能推迟到该高峰之后开始的非关键工作,将其推迟到该高峰时段之后某时刻开始,这样就使整个计划的资源高峰得到一次削低,该高峰之后的资源低谷相应得到一次填补,见图 3-17b)。然后重复循环进行上述步骤,不断地进行"削峰填谷",直到整个计划的资源高峰再也不能削低为止,如图 3-17c)所示。

被推迟的非关键工作,其推迟时间必须少于其机动使用时间,以便不影响网络计划的总工期。对这些非关键工作的推迟应按以下两条优先调整规则进行:

(1)优先推迟资源强度小的非关键工作。
(2)当几项工作的资源强度相同时,优先推迟时差大的非关键工作。

3. 削峰填谷优化步骤及应用

下面举例说明削峰填谷法资源优化的具体步骤。设某工程项目网络计划如图 3-18 所示,箭线上方括号内数字为该工作(i,j)的资源强度,箭线下方数字为工作持续时间,试用削峰填谷法求在规定工期16d内,尽可能实现资源均衡的进度安排。

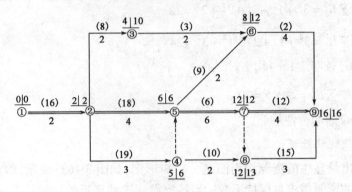

图 3-18 某项目网络计划资源均衡优化

第一步 计算网络计划节点时间参数,确定关键线路,见图 3-18。

第二步 按节点最早时间绘时标图,见图 3-19a);并作出相应的日资源用量图,见图 3-19b)。

为了便于累计整个计划的日资源用量,通常在时标图 3-19a)中各工作实箭线上方标出该项工作的资源强度。

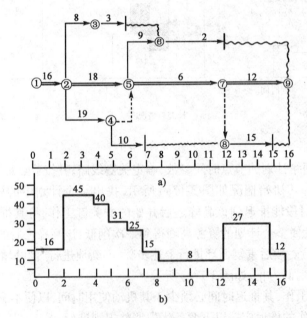

图 3-19 优化前资源调配图

从图 3-19b)可以看出,整个计划的资源需求量是极不均衡的,资源高峰值为 45,而资源低谷值仅为 8,其差值高达 37,因此很有必要进行资源均衡供应问题的优化。

第三步 运用削峰填谷法原理,以削低整个计划的资源高峰为目的,调整位于高峰时段的非关键工作,按优先推迟原则循环进行,逐步实现资源均衡。

循环 1 从图 3-19 可以看出，时段 $t_2 \sim t_4$ 是整个计划的资源用量高峰，其峰值为 45。位于该高峰时段的工作有 3 项，其中工作 (2,5) 是关键工作，显然不能推迟。其余两项工作分别为 (2,3) 和 (2,4)，它们都是非关键工作。根据优先调整规则①，应优先推迟资源强度小的工作 (2,3)。而时段 $t_4 \sim t_5$ 为整个计划的资源用量次高峰，该值为 40，因此最好将工作 (2,3) 推迟到 t_5 开始，而使该工作的紧后工作 (3,6) 推迟到 t_7 开始，见图 3-20。这样整个计划的资源用量峰值由 45 削到 37，资源的均衡程度有了改善。

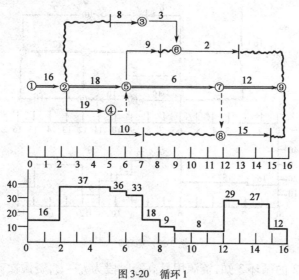

图 3-20 循环 1

循环 2 从图 3-20 可以看到，资源用量高峰时段为，$t_2 \sim t_5$，其峰值为 37。位于此时段的非关键工作只有 (2,4)，工作 (2,4) 最好推迟到 t_6 开始。这是因为时段 $t_5 \sim t_6$ 为资源需求的次高峰，峰值为 36，若工作 (2,4) 推迟到 t_6 开始，这个次峰值也可削去。工作 (2,4) 推迟到 t_6 开始时直接影响到其紧后工作 (4,8)，并迫使该工作推迟到 t_9 开始。而此时整个计划的资源高峰由循环 1 的 37 反而升到 42，因此还需进一步调整，如图 3-21 所示。

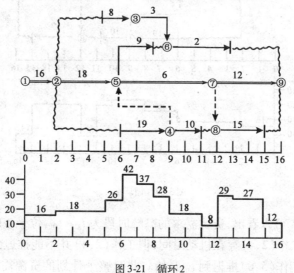

图 3-21 循环 2

循环3 由图3-21知资源用量高峰时段转移到 $t_6 \sim t_7$，其峰值升为42。位于该时段的非关键工作有(2,3)、(2,4)和(5,6)，而工作(2,3)的资源强度最小，应选择工作(2,3)进行调整。同理应将工作(2,3)推迟到 t_8 开始，以便削去资源次高峰值37，迫使其紧后工作(3,6)推迟到 t_{10} 开始。此时整个计划的资源峰值由循环2的42削低到34，见图3-22。

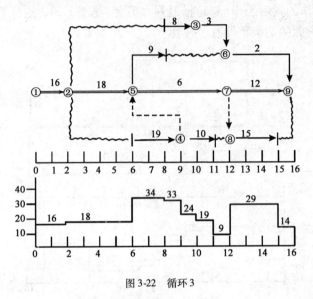

图 3-22 循环 3

循环4 由图 3-22 的循环 3 知，资源用量高峰时段为 $t_6 \sim t_8$，资源次高峰时段为 $t_8 \sim t_9$，此时应将非关键工作(5,6)推迟到 t_9 开始，如图 3-23 所示。

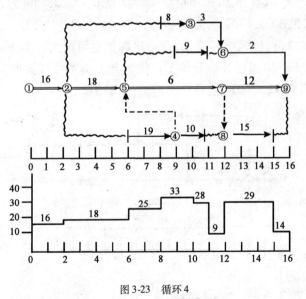

图 3-23 循环 4

循环5 由图 3-23 可以看出，资源需求的高峰时段为 $t_8 \sim t_{10}$，位于该时段的非关键工作有(2,3)和(2,4)，只有工作(2,4)存在机动时间，但工作(2,4)并不能推迟到完全避过资源高峰时段 $t_8 \sim t_{10}$，因此，将工作(5,6)推迟到 t_{10} 开始。此时整个计划的资源需求峰值为33，资源用量低谷为14,其差值变为19,如图3-24所示。

循环6　由图3-24可以看出,资源用量高峰时段为$t_8 \sim t_9$,位于该时段的非关键工作有(2,3)和(2,4),将(2,3)工作调整至t_2开始,如图3-25所示,通过对整个计划进行资源优化,资源高峰值由原来的45削低到29,资源低谷则由原来的8填至14,整个计划的资源用量得到了较好的均衡利用。

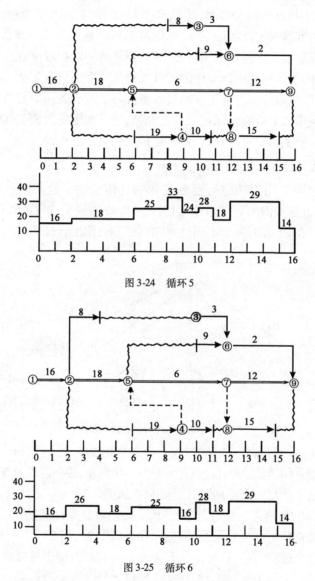

图3-24　循环5

图3-25　循环6

三、资源有限工期最短

1. 备用库法基本原理

工程项目网络计划经过资源均衡以后,如果资源供应充足,就可以下达实施了。但当资源供应受限时,执行计划过程中就可能出现资源供不应求的现象,此时就有一个资源的合理分配问题,即根据有限的资源进行工作安排。这里介绍一种有限资源的分配常用方法，称为"备用库法"。

资源有限分配的备用库法基本原理是：假想可供资源分配的数量储存在备用库中，工程任务开始后，从库中取出资源。按下面工作资源分配的优先安排规则给即将开始的工作分配资源，并考虑尽可能的最优资源组合，分配不到资源的工作就推迟开始，其优先安排规则为：

(1) 优先安排机动时间小的工作；

(2) 当数项工作的机动时间相等时，优先安排持续时间短的和资源强度小的工作。

随着工程进度的推移和工作的结束，资源陆续返回到备用库中。当库中的资源达到能满足即将开始的一项或数项工作的资源用量要求时，再从备用库中取出资源，按上述工作的优先安排规则进行循环分配，直到网络计划中的所有工作都分配到资源为止。

需要指出的是，应优先保证关键工作的资源量且力争减少备用库资源库存的积压，提高资源利用率。灵活地运用以上资源分配优先安排规则，并最大限度地使工作最优组合，这样虽然由于有限资源供应迫使工期有可能延长，但是这种延长值是最小的。

2. 备用库法的优化步骤及应用

现在通过举例说明备用库法进行资源优化的具体步骤。设某工程项目的网络计划如图 3-26 所示，箭线上方括号内的数字为该工作 (i,j) 的资源强度，箭线下方的数字仍为工作持续时间，试用备用库法求出资源限量不超过 40 的条件下，作出合理的进度安排。

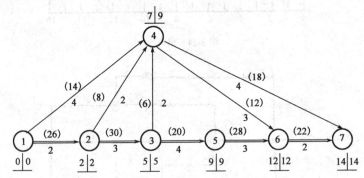

图 3-26 某项目网络计划资源有限优化

第一步 计算网络计划图节点时间参数并确定关键线路，见图 3-26。

第二步 按节点最早时间绘制时标网络图，如图 3-27 所示，并在箭线上方标出日资源用量。

第三步 累计整个计划中资源的每日需要量。从图 3-27 可以看出，计划的资源高峰值为 58，超过了资源限量 40，显然无法执行此进度计划，必须重新安排进度。

第四步 逐日检查备用库中的资源，根据库存的资源情况和工作的优先安排规则安排某些工作。循环进行这个过程，直到资源的每日需要量均满足资源供应限量为止。

循环 1 由图 3-27 可知，在 $t_2 \sim t_4$ 时段资源量为 52，超过资源限量 40。此时有 3 项工作 (1, 4)、(2, 4) 和 (2, 3)，根据优先安排规则应先安排关键工作 (2, 3)，其次安排非关键工作 (2, 4)，此时非关键工作 (1, 4) 应推迟到工作 (2, 3) 结束后再开始，即推迟到 t_5 开始，如图 3-28 所示。

从图 3-28 可以看到，由于工作 (1, 4) 推迟到 t_5 开始，节点④已推迟到最迟必须实现时间，相应的工作 (4, 6) 和 (4, 7) 分别被迫推迟到关键工作 (3, 5) 完成后开始。

循环 2 由图 3-28 知，在 $t_9 \sim t_{12}$ 时段内资源的每日用量为 58，所以计划需进一步调整。由

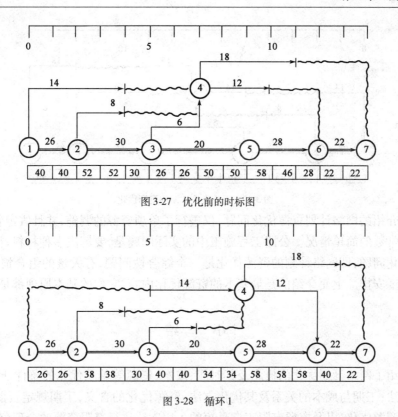

图 3-27 优化前的时标图

图 3-28 循环 1

于工作(5,6)为关键工作,工作(4,6)没有机动时间,此时只有将工作(4,7)推迟到 t_{12} 开始,如图 3-29 所示。

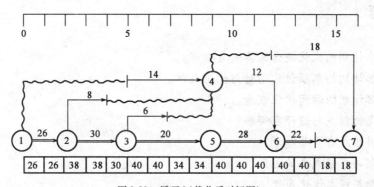

图 3-29 循环 2(优化后时标图)

图 3-29 所示的计划安排中,可以看出整个计划的资源日需要量都已满足资源供应限量 40 的要求。但由于工作(4,7)的推迟超出了其总机动时间,导致总工期延长了 2d。

上述项目网络计划资源有限的优化,还有一种方案是中断某些非关键工作的方法。如果将图 3-27 中工作(1,4)在 $t_2 \sim t_5$ 之间中断,同理将工作(4,7)在 $t_9 \sim t_{12}$ 时段内中断,就可以得到不延长总工期,同时满足资源限量 40 的最优进度安排,如图 3-30 所示。

值得注意的是,计划经过循环调整之后,或条件允许中断某些非关键工作以后,各项工作的开始和完成时间一般不宜再改变,否则资源的需要量又有可能超出限量要求。此时尽管一些工作还有部分时差,一般也不再利用。

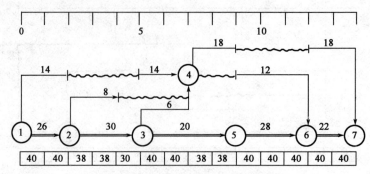

图 3-30 工作允许中断的资源优化

本节所介绍的网络计划资源优化问题,仅进行了单项资源的调整,并且假定各项工作每日资源用量为常数的简单情况。公路工程施工中的实际问题是,要解决多种材料、机械设备等多项资源的优化问题,即网络计划的资源优化是一个综合性问题,有大量的组合情况,每种组合表示一种进度安排。上面介绍的是最基本的资源优化内容,它们的基本原理都是可以利用的。

小　　结

本章介绍了网络计划优化的概念及其时间、成本、资源等单项优化的条件;时间优化的措施与优化方法;工期与成本的关系及其优化方法;资源优化的含义,工期规定资源均衡的削峰填谷法进行资源优化,以及资源有限工期最短的备用库法进行有限资源的合理分配等。

思　考　题

1. 简述网络计划的优化概念及其衡量指标。
2. 简述网络计划的单项优化指标与优化条件。
3. 简述网络计划的时间优化概念。
4. 时间优化的措施与途径有哪些?
5. 工程费用组成有哪些?
6. 简述工期与直接成本的关系。
7. 简述工期与成本优化原理。
8. 简述循环压缩工作持续时间的条件有哪些?
9. 简述工期与成本优化步骤。
10. 资源优化的目标有几种?
11. 调整非关键工作进行资源优化的方法有几种?
12. 资源均衡性的评价标准是什么?
13. 简述削峰填谷原理及优先推迟非关键工作的规则。
14. 简述备用库法的基本原理及工作优先安排的规则。
15. 简述备用库法进行资源优化的步骤。

练习 题

1. 某项目工程进度网络计划如题图 3-1 所示，若合同工期为 100d，计划应如何调整？调整前和调整后如果工作(6,8)延长 30d 完成，总工期有何影响？

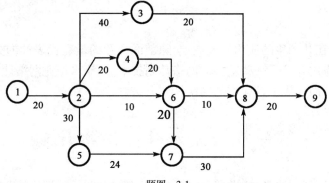

题图 3-1

2. 原始网络计划如题图 3-2 所示，若指令工期为 27d，试采用循环优化法来缩短工期，实现网络计划的时间优化。

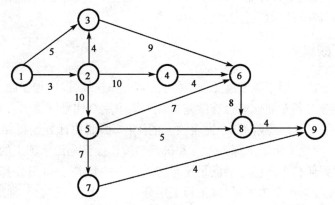

题图 3-2

3. 某项目网络计划如题图 3-3 所示，箭线上方括号内的数字为该项工作(i,j)的资源强度，箭线下方的数字仍为工作持续时间，试求在规定工期 15d，尽可能实现资源均衡供应的进度安排。

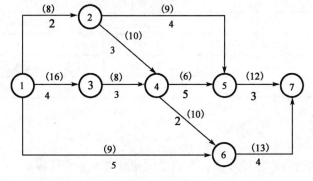

题图 3-3

第四章 其他网络计划方法

网络计划技术在几十年的应用和发展中,除前面介绍的最有代表性的关键线路法(CPM)外,世界各国相继应用开发了一些新型的网络计划技术,如流水作业网络计划、搭接网络计划、计划评审方法等,从而形成了较完整的网络计划方法。

第一节 流水作业网络计划

流水作业网络计划方法是20世纪70年代末与80年代初由我国土建施工组织与管理人员研究出的一种新型网络计划方法。它针对我国建筑业多年应用推广网络计划方法中遇到的流水作业网络计划问题,结合计划管理的实际情况和施工条件,综合运用流水施工原理和网络计划技术,开发研究的一种新型进度控制方法。

一、流水施工网络图

一般网络计划方法应用于流水施工时,尽可能使工作连续,以便加快施工进度,缩短工期,而在施工组织上不考虑各专业队能否连续施工。如果采用双代号网络图表示流水施工进度计划时,则必须把一道工序分割成为几个完全独立的工序,因而使计划变得相当复杂,计算工作量加大,使用不便。而施工组织上保证专业和机械连续作业又是流水施工的核心。

下面举例说明如何利用网络计划满足流水施工组织的要求,并充分发挥两者的优点。

例如,某项工程分为4个施工段,该工程工序分解为A、B、C三道,分别组织3个专业队进行流水施工,各道工序在每个施工段的作业持续时间如表4-1所示。

各工序在各个施工段上的持续时间　　　表4-1

工序	各施工段的作业时间(d)			
	Ⅰ	Ⅱ	Ⅲ	Ⅳ
A	2	3	3	2
B	2	2	3	3
C	3	3	3	2

1. 组织流水施工

(1) 计算流水步距 K

相邻两工序之间的流水步距按累计数列错位相减取大差法计算。

$K_{A,B}$ 如下,则 $K_{A,B}=4d$　　　　　$K_{B,C}$ 如下,则 $K_{B,C}=2d$

$$\begin{array}{r}2,5,8,10\\-)\ 2,4,7,10\\\hline 2,3,4,3,-10\end{array}\qquad\begin{array}{r}2,4,7,10\\-)\ 3,6,9,11\\\hline 2,1,1,1,-11\end{array}$$

(2)计算总工期 T
$$T=\sum K+T_n=K_{A,B}+K_{B,C}+(3+3+3+2)=17d$$

(3)绘制无节拍流水施工进度横道图(图 4-1)

工序或专业队	施工进度																
	1	2	3	4	5	6	7	8	9	10	11	12	13	14	15	16	17
A	I		II			III		IV									
B	$K_{A,B}=4$				I		II		III			IV					
C				$K_{B,C}=2$		I			II			III			IV		

图 4-1 流水作业水平横道图

2. 流水作业双代号网络图及时间参数计算

根据表 4-1 可绘出一般双代号网络图并计算时间参数,如图 4-2 所示,总工期为 16d。

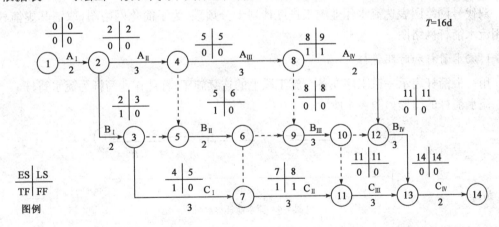

图 4-2 流水作业双代号网络图

由图 4-2 可以看出,专业队 A 只有按最早时间在各施工段上开始工作才能做到连续施工;专业队 C 必须按最迟开始时间工作才可不间断地进行;而 B 专业队不管按最早或最迟开始时间进行,均不能实现连续施工。

3. 表达流水施工组织的双代号网络图

目前,使用的网络计划方法不能表达流水作业计划,其唯一的原因是没有反映流水施工组织的要求,两相邻工序的最早开始时间不是按流水步距计算确定的。如果把流水步距这个因素加入到一般双代号网络图中,那么,只要所有的工序均按最早开始时间施工,则所有专业队都能连续作业,从而形成表达流水施工组织的双代号网络图,如图 4-3 所示,其计划工期为 17d。

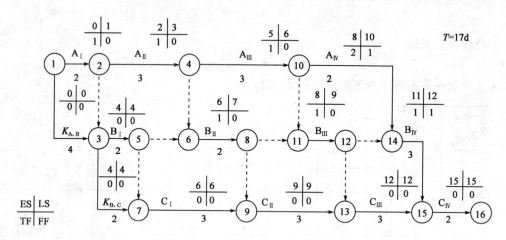

图 4-3　引入流水步距的双代号网络图

由此可见,要使网络计划满足流水作业的要求,只要把流水步距的概念引入网络计划方法中,就能使流水作业和网络计划的优点兼而备之。

二、流水箭杆网络图

双代号网络图表达流水作业施工进度计划十分烦琐,为了简化网络图,取消其虚箭杆,可采用流水箭杆网络图。

1. 流水箭杆和时距箭杆

用一根箭杆表示一道工序在各个施工段上的连续施工,称此作业箭杆为流水箭杆。
流水箭杆的图形如图 4-4 所示。

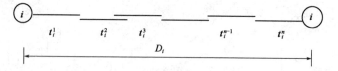

图 4-4　流水箭杆示意图

在两根流水箭杆之间,画时距箭杆进行逻辑联系,以取代被取消的虚箭杆的功能。时距箭杆如图 4-5 所示。

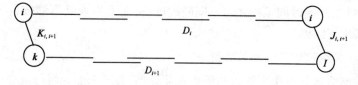

图 4-5　时距箭杆示意图

图中,$K_{i,i+1}$为开始时距箭杆,表示本工序流水箭杆i开始多长时间后才能进行紧后工序流水箭杆$i+1$;$J_{i,i+1}$为结束时距箭杆,表示本工序流水箭杆i完成多长时间后才能进行紧后工序流水箭杆$i+1$;i为本工序的编号;$i+1$为紧后工序的编号。

2. 流水网络简化图

根据流水作业双代号网络图的一般形式,引入流水箭杆和时距箭杆后,可对流水作业网络图进行简化,形成简化的流水网络计划图。流水作业网络图4-3可简化成图4-6。

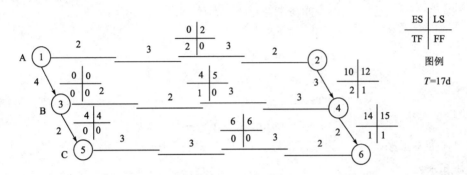

图4-6 简化的流水网络图

三、流水网络图时间参数的计算

流水作业双代号网络图,引用流水箭杆和时距杆形成简化的流水网络图后,可按下列原则和顺序计算各项时间参数。

1. 计算流水箭杆的施工持续时间 D_i

流水箭杆的施工持续时间,相当于流水施工中工序专业队的持续时间。

(1) 在有节拍流水网络中

$$D_i = mt_i \tag{4-1}$$

式中:m——流水作业的施工段数;

t_i——某工序i在施工段上的流水节拍。

(2) 在无节拍流水网络中

$$D_i = t_i^1 + t_i^2 + \cdots + t_i^{m-1} + t_i^m \tag{4-2}$$

式中:t_i^{m-1}——某工序i在第$(m-1)$施工段上的持续时间;

其他符号意义同上。

2. 计算时距箭杆

(1) 计算开始时距 $K_{i,i+1}$

流水网络图中开始时距 $K_{i,i+1}$ 的计算与流水作业原理中流水步距的计算完全相同。最简单的计算方法为:相邻工序的专业队作业时间累加数列错位相减取大差法。

(2) 计算结束时距 $J_{i,i+1}$

无论是有节拍流水作业,还是无节拍流水作业,结束时距 $J_{i,i+1}$ 均按下式计算。

$$J_{i,i+1} = t_{i+1}^m + t_g \qquad (4\text{-}3)$$

式中：t_{i+1}^m——工序 $(i+1)$ 在第 m 施工段上的持续时间；

t_g——工序 i 与工序 $(i+1)$ 之间的工序间歇时间。

3. 计算时间参数

在流水箭杆网络图中，流水前杆的最早开始时间、最早完成时间、最迟开始时间、最迟完成时间，总时差和局部时差的计算方法和计算步骤与一般双代号网络图完全一样，列成算式为：

$$\left. \begin{aligned} ES_i &= \max\{ES_{i-1} + D_{i-1}\} \\ EF_i &= ES_i + D_i \\ LS_i &= \min\{LS_{i+1}\} - D_i \\ LF_i &= LS_i + D_i \\ TF_i &= LS_i - ES_i = LF_i - EF_i \\ FF_i &= \min ES_{i+1} - ES_i - D_i \end{aligned} \right\} \qquad (4\text{-}4)$$

式中，i 为本工序，$(i-1)$ 为紧前工序，$(i+1)$ 为紧后工序。

4. 计算示例

现以图 4-6 为例，计算流水网络图时间参数如下。

(1) 计算流水箭杆的持续时间 D_i

由式 (4-2) 计算 D_i 如下：

$$D_A = 2 + 3 + 3 + 2 = 10d$$
$$D_B = 2 + 2 + 3 + 3 = 10d$$
$$D_C = 3 + 3 + 3 + 2 = 11d$$

(2) 计算开始时距 $K_{i,i+1}$

开始时距 $K_{A,B}$ 和 $K_{B,C}$ 前述的计算结果为：

$$K_{A,B} = 4d, K_{B,C} = 2d$$

(3) 计算结束时距 $J_{i,i+1}$

$$J_{A,B} = t_B^m + t_g = 3 + 0 = 3d$$
$$J_{B,C} = t_C^m + t_g = 2 + 0 = 2d$$

(4) 计算各项工作时间参数

$ES_A = 0, ES_B = ES_A + K_{A,B} = 0 + 4 = 4$

$ES_C = ES_B + K_{B,C} = 4 + 2 = 6$

$ES_{(1,2)} = 0, ES_{(2,4)} = ES_{(1,2)} + D_A = 0 + 10 = 10$

$ES_{(3,4)} = ES_A + K_{AB} = 0 + 4 = 4$

$ES_{(3,5)} = ES_A + K_{A,B} = 0 + 4 = 4$

$$ES_{(4,6)} = \max \left\{ \begin{aligned} ES_{(2,4)} + J_{A,B} &= 10 + 3 = 13 \\ ES_B + D_B &= 4 + 10 = 14 \end{aligned} \right\} = 14$$

$$T = \max \left\{ \begin{aligned} ES_{(4,6)} + J_{B,C} &= 14 + 2 = 16 \\ ES_C + D_C &= 6 + 11 = 17 \end{aligned} \right\} = 17$$

$LS_C = T - D_C = 17 - 11 = 6$

$LS_{(4,6)} = T - J_{B,C} = 17 - 2 = 15$

$LS_{(3,5)} = LS_C - K_{B,C} = 6 - 2 = 4$

$LS_B = LS_{(4,6)} - D_B = 15 - 10 = 5$

$LS_{(2,4)} = LS_{(4,6)} - J_{A,B} = 15 - 3 = 12$

$LS_A = LS_{(2,4)} - D_A = 12 - 10 = 2$

$LS_{(1,3)} = \min\begin{Bmatrix} LS_B \\ LS_{(3,5)} \end{Bmatrix} - K_{A,B} = \min\begin{Bmatrix} 5 \\ 4 \end{Bmatrix} - 4 = 0$

$TF_A = LS_A - ES_A = 2 - 0 = 2, TF_B = LS_B - ES_B = 5 - 4 = 1$

$TF_C = LS_C = ES_C = 6 - 6 = 0, TF_{(1,3)} = LS_{(1,3)} - ES_{(1,3)} = 0 - 0 = 0$

$TF_{(4,6)} = LS_{(4,6)} - ES_{(4,6)} = 15 - 14 = 1, TF_{(2,4)} = LS_{(2,4)} - ES_{(2,4)} = 12 - 10 = 2$

$TF_{(3,5)} = LS_{(3,5)} - ES_{(3,5)} = 4 - 4 = 0$

$FF_A = ES_{(2,4)} - ES_A - D_A = 10 - 0 - 10 = 0$

$FF_B = ES_{(4,6)} - ES_B - D_B = 14 - 4 - 10 = 0$

$FF_C = T - ES_C - D_C = 17 - 6 - 11 = 0$

$FF_{(1,3)} = \min\begin{Bmatrix} ES_{(3,4)} \\ ES_{(3,5)} \end{Bmatrix} - ES_{(1,3)} - K_{A,B} = 4 - 0 - 4 = 0$

$FF_{(2,4)} = ES_{(4,6)} - ES_{(2,4)} - J_{A,B} = 14 - 10 - 3 = 1$

$FF_{(3,5)} = ES_{(5,6)} - ES_{(3,5)} - K_{B,C} = 6 - 4 - 2 = 0$

$FF_{(4,6)} = T - ES_{(4,6)} - J_{B,C} = 17 - 14 - 2 = 1$

以上计算结果标注在图 4-6 中的"+"栏内。

第二节 搭接网络计划

一、搭接关系的表示方法

在关键线路法中,无论是双代号网络计划还是单代号网络计划,网络计划方法中的工作关系是一种固定的衔接关系,即一项工作必须在紧前工作结束后才能开始,或者必须在其紧后工作开始之前完成。但在实际工程项目的网络计划中,工作之间的逻辑关系并非只有衔接关系,大多数情况下都存在着搭接关系。

1. 搭接关系与搭接网络计划

在项目进度网络计划的许多情况下,紧后工作的开始并不以紧前工作的完成为条件,而只要紧前工作开始一段时间以后,能为紧后工作提供一定的开始工作条件,紧后工作就可以开始且与紧前工作平行作业。工作之间的这种关系称为搭接关系。

例如,相邻的两项工作 A 和 B,它们的持续时间分别为 15d 和 12d,A 工作开始 5d 后 B 工作即可开始,而不必等 A 工作结束,此时用横道图表示如图 4-7a)所示。若用前述的衔接关系网络图表示,则必须把 A 工作分别两部分 A_1 和 A_2,以双代号网络图表示见图 4-7b,单代号网络图表示则为图4-7c）。这样表达虽然关系清楚、严格，但增加绘图工作量，也相应增加了计算工作量。

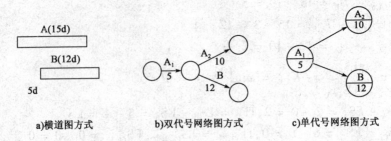

图4-7　A、B工作搭接关系表达方式

为了使搭接关系简单直接地表达，以利于网络计划编制工作的简化，于是开发应用了多种搭接网络计划方法，即考虑工作间搭接关系的网络计划方法称为搭接网络计划。搭接网络计划的模型一般用单代号网络图表达。

2. 搭接关系的分类

在搭接网络计划中，工作间的逻辑关系是由相邻两项工作之间的不同时距决定的。时距就是紧前工作与紧后工作的先后开始或结束之间的时间间隔。由于相邻两项工作各有开始和结束时间，所以基本连接关系有4种情况，用单代号网络图表达如图4-8所示。

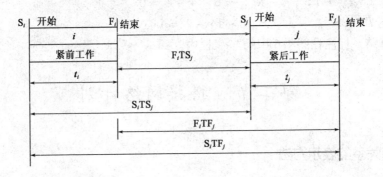

图4-8　单代号网络图表达基本时距

（1）结束到开始关系（F_iTS_j）

时距 F_iTS_j 表示工作 i 结束后，工作 j 在规定的时距内开始，如图4-9所示。

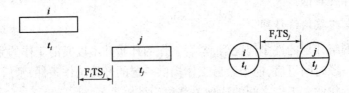

图4-9　工作间 FTS 关系

例如，修筑路堤护坡时，应等路堤自然沉降后才能浆砌护坡；又如，采用无支架施工的拱桥，主拱圈混凝土或砂浆的强度达到设计强度的70%后，即要经过一定养护时间方可进行拱上建筑施工。这些等待的时间就是 F_iTS_j 时距关系。当 $F_iTS_j=0$ 时表示工作 i 结束后工作 j 立即就可以开始;而 $F_iTS_j=6d$ 则说明工作 i 结束 6d 后工作 j 才能开始。

(2)开始到开始关系(S_iTS_j)

时距 S_iTS_j 表示工作 i 开始一定的时距后,工作 j 就可开始,如图 4-10 所示。

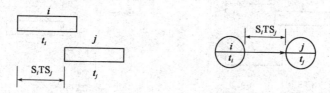

图 4-10 工作间 STS 关系

例如,公路工程路基和路面施工中,路基修筑一定时间后,为路面铺设创造了一定的工作条件,路面施工就可以开始,这种开始工作之间的时间间隔就是 S_iTS_j 关系。若 $S_iTS_j=3$ 月,则表示路基施工开始 3 个月后,路面施工就可以开始。

(3)结束到结束关系(F_iTF_j)

时距 F_iTF_j 表示工作 i 结束后,经过一定的时距,工作 j 也应该结束,如图 4-11 所示。

如上例中路基施工结束后,路面施工还需要一定的时间才能结束,这种工作结束之间的时间间隔就是 F_iTF_j 时距。当 $F_iTF_j=2$ 月时,表示路基施工结束 2 个月,路面施工也应该结束。

图 4-11 工作间 FTF 关系

(4)开始到结束关系(S_iTF_j)

时距 S_iTF_j 表示工作 i 开始后一定的时距内,工作 j 就应当结束,如图 4-12 所示。

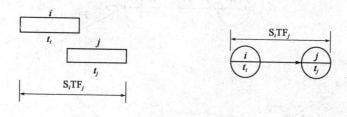

图 4-12 工作间 STF 关系

例如,桥梁工程明挖基础施工中,地下水位高程高出基底高程的部分开挖基坑,必须待降低地下水位以后才能开始,即基坑开挖时地下水位降低必须完成;又如在混凝土施工中,搅拌混凝土工作开始后,在混凝土初凝之前这段时间内,混凝土的振捣成型工作必须结束。这些时距关系称 S_iTF_j 时间间隔,即 $S_iTF_j=4h$ 时,表示工作 i 开始后 4h 工作 j 就应该结束。

(5)混合时距关系

当出现上述两种以上的时距关系时称为混合关系。搭接网络计划中除上述 4 种基本时距关系外,还可能同时出现多种工作间的连接关系,如两项工作同时受 S_iTF_j 和 F_iTF_j 限制,或者由 F_iTF_j 和 S_iTF_j 同时限制等。如图4-13所示,当 $S_iTS_j = 5d$ 和 $F_iTF_j = 8d$ 时,则表示工作 i 开始5d后,工作 j 就可以开始,而工作 i 结束8d后工作 i 结束8d 工作 j 也应该结束。

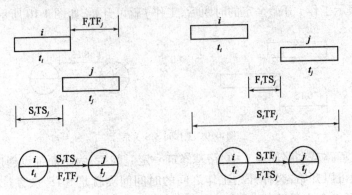

图4-13 工作间混合时距关系

二、搭接网络图的绘制及其时间参数计算

1. 搭接网络计划图的绘制

与双代号网络计划图或者单代号网络计划图的绘制方法一样,要绘制一个项目进度的搭接网络计划图,首先必须分解这个工程项目,即将项目分解成若干项工作;然后确定出各项工作之间的搭接关系,并依据实际情况计算出各种关系所需要的时距大小;最后根据搭接关系及其时距,按照一般网络计划图的绘制方法,画出搭接网络计划图。

由此可见,绘制搭接网络计划图的关键是确定各项工作之间的搭接关系及其时距,而这些关系及时距大小由工程项目的实际情况决定,只要知道工作间的各种搭接关系及其时距,就不难绘制搭接网络计划图,如图4-14所示。

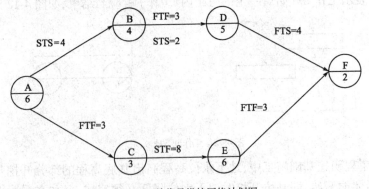

图4-14 单代号搭接网络计划图

2. 搭接网络计划时间参数计算

如同单代号网络计划一样,搭接网络计划的时间参数只有工作时间参数,包括控制性时间参数(ES、EF、LS、LF)和协调性时间参数(TF、FF)。由于搭接网络计划中,各项工作往往受多

种连接关系的约束,所以在其时间参数计算时,应依不同的连接关系分别考虑。其基本关系如图 4-15 所示。

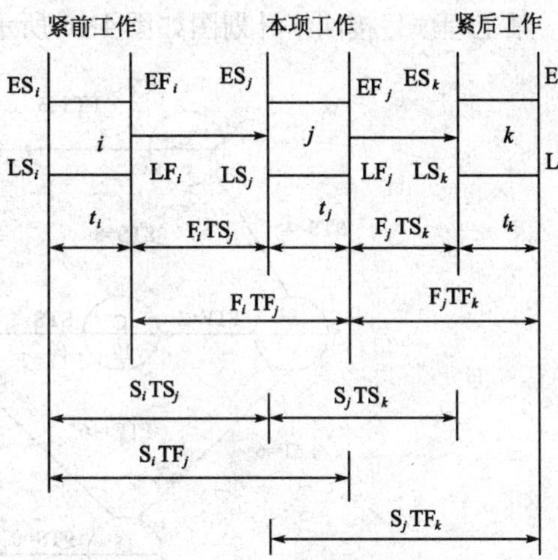

由图 4-15 所示的工作间基本连接关系,根据单代号网络图工作时间参数计算原理,以及搭接关系及其时距类型,可方便地列出搭接网络计划时间参数的计算公式。

(1)计算工作的最早开始时间和最早完成时间

$ES_1 = 0$(1 为单代号搭接网络图的起点):

$$ES_j = \max\begin{cases} ES_i + S_iTS_j \\ ES_i + t_i + F_iTS_j \end{cases}\begin{vmatrix} STS \\ FTS \end{vmatrix} \quad (4-5)$$

$$EF_j = \max\begin{cases} ES_j + t_j \\ ES_j + t_j \\ EF_j + F_iTF_j \\ ES_j + S_iTF_j \end{cases}\begin{vmatrix} STS \\ FTS \\ FTF \\ STF \end{vmatrix} \quad (4-6)$$

(2)计算工作的最迟结束和最迟开始时间

$LF_n = EF_n = T$(n 为网络图的终点):

$$LF_j = \min\begin{cases} LS_k - F_jTS_k \\ LF_k - F_jTF_k \end{cases}\begin{vmatrix} FTS \\ FTF \end{vmatrix} \quad (4-7)$$

$$LS_j = \min\begin{cases} LF_j - t_j \\ LF_j - t_j \\ LS_k - S_jTS_k \\ LF_k - S_jTF_k \end{cases}\begin{vmatrix} FTS \\ FTF \\ STS \\ STF \end{vmatrix} \quad (4-8)$$

(3)计算工作的总时差

工作总时差的计算公式与一般单代号网络计划图相同,即:

$$TF_j = LS_j - ES_j \quad (4-9)$$

当 $TF_j = 0$ 时,j 为关键工作,关键工作连成关键线路。

(4)计算工作的局部时差

$$FF_j = \min\begin{cases} ES_k - EF_j - F_jTS_k \\ ES_k - ES_j - S_jTS_k \\ EF_k - EF_j - F_jTF_k \\ EF_k - ES_j - S_jTF_k \end{cases}\begin{vmatrix} FTS \\ STS \\ FTF \\ STF \end{vmatrix} \quad (4-10)$$

图 4-15 工作间基本连接关系

当 $TF_j = 0$ 时,FF_j 一定为零,即 $FF_j = 0$。

3. 时间参数计算举例分析

某工程项目接网络计划图如图 4-16 所示。

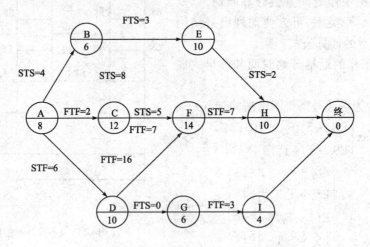

图 4-16 某项目单代号搭接网络计划

(1) 计算工作的最早开始和最早完成时间

计算工作的最早时间系列系数,必须从网络图的起点,按箭线方向逐项工作依次算到终点,且与起点相连工作的最早时间均为零,即 $ES_A = 0$,而 $EF_A = ES_A + t_A = 0 + 8 = 8$。其他各项工作的最早开始时间和最早完成时间按式(4-5)与式(4-6)分别计算如下:

① $\begin{cases} ES_B = ES_A + S_ATS_B = 0 + 4 = 4 \\ EF_B = ES_B + t_B = 4 + 6 = 10 \end{cases}$

② $\begin{cases} EF_C = EF_A + F_ATF_C = 8 + 2 = 10 \\ ES_C = EF_C - t_C = 10 - 12 = -2 \end{cases}$

在单代号搭接网络计划图中,虚设的起点应与没有内向箭线的工作相联系。当某项中间工作的 ES_i 为负值时,应把该项工作(如 C)用虚线与起点联系起来,如图 4-17 所示。

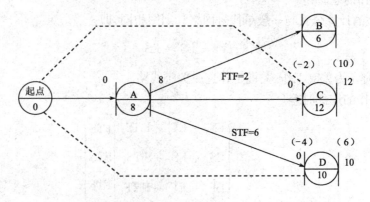

图 4-17 ES 为负值的处理方法

这时工作 C 的最早开始时间由起点决定，即 $ES_C = 0$；工作 C 的最早完成时间也需要重新计算：

③ $EF_C = ES_C + t_C = 0 + 12 = 12$

④ $\begin{cases} EF_D = ES_A + S_A TF_D = 0 + 6 = 6 \\ ES_D = EF_D - t_D = 6 - 10 = -4 \end{cases}$

工作 D 的 $ES_D < 0$，处理方法同工作 C，将工作 D 用虚线与起点连接，如图 4-17 所示，即：
$ES_D = 0, EF_D = ES_D + t_D = 0 + 10 = 10$

⑤ $\begin{cases} ES_E = \max \begin{cases} EF_B + F_B TS_C = 10 + 3 = 13 \\ ES_C + S_C TS_E = 0 + 8 = 8 \end{cases} = 13 \\ EF_E = ES_E + t_E = 13 + 10 = 23 \end{cases}$

⑥ $\begin{cases} EF_F = \max \begin{cases} ES_C + S_C TS_F + t_F = 0 + 5 + 14 = 19 \\ EF_C + F_C TF_F = 12 + 7 = 19 \\ EF_D + F_D TF_F = 10 + 16 = 26 \end{cases} = 26 \\ ES_F = EF_F - t_F = 26 - 14 = 12 \end{cases}$

⑦ $\begin{cases} ES_G = EF_D + F_D TS_G = 10 + 0 = 10 \\ EF_G = ES_G + t_G = 10 + 6 = 16 \end{cases}$

⑧ $\begin{cases} EF_H = \max \begin{cases} ES_E + S_E TS_H + t_H = 13 + 2 + 10 = 25 \\ ES_F + S_F TF_H = 12 + 7 = 19 \end{cases} = 25 \\ ES_H = EF_H - t_H = 25 - 10 = 15 \end{cases}$

⑨ $\begin{cases} EF_I = EF_G + F_G TF_I = 16 + 3 = 19 \\ ES_I = EF_I - t_I = 19 - 4 = 15 \end{cases}$

⑩ $EF_{终} = \max \{EF_H, EF_I\} = \max \{25, 19\} = 25$

在一般情况下，$EF_{终}$ 就是网络计划的总工期。然而在本例中，如图 4-18 所示，决定该项目工期的工作却不是 H、I 这两项工作，而是中间工作 F，此时应按以下方法处理。

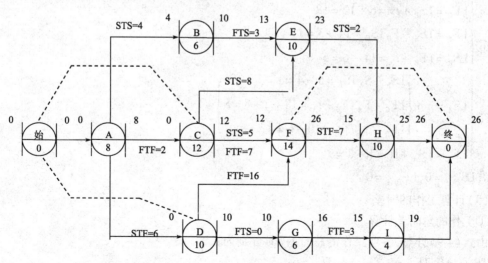

图 4-18 搭接网络图 ES 和 EF 的计算

终点一般是虚设的,只与无外向箭线的工作相连接。但是当中间工作的最早完成时间大于最后工作的最早完成时间时,为了决定工作项目的总工期,必须把该工作与终点节点用虚线连起来(图4-18 中应将工作 F 与终点用虚线连接),然后再计算项目计划的总工期 T。

本例中,$T = \max\{26, 25, 19\} = 26$。

(2)计算工作的最迟开始和最迟完成时间

计算工作的最迟时间系列参数,必须从网络图的终点开始逆箭线方向逐项工作依次算到起点。以计划工期作为与终点相连工作的最迟完成时间开始计算,即:

① $\begin{cases} LF_F = LF_H = LF_I = 26 \\ LS_F = LF_F - t_F = 26 - 14 = 12 \\ LS_H = LF_H - t_H = 26 - 10 = 16 \\ LS_I = LF_I - t_I = 26 - 4 = 22 \end{cases}$

其他各项工作的最迟完成时间和最迟开始时间分别按式(4-7)和式(4-8)计算如下:

② $\begin{cases} LS_E = LS_H - S_E TS_H = 16 - 2 = 14 \\ LF_E = LS_E + t_E = 14 + 10 = 24 \end{cases}$

③ $\begin{cases} LF_G = LF_I - F_G TF_I = 26 - 3 = 23 \\ LS_G = LF_G - t_G = 23 - 6 = 17 \end{cases}$

④ $\begin{cases} LF_D = \min \begin{cases} LF_F - F_D TF_F = 26 - 16 = 10 \\ LS_G = F_D TS_G = 17 - 0 = 17 \end{cases} = 10 \\ LS_D = LF_D - t_D = 10 - 10 = 0 \end{cases}$

⑤ $\begin{cases} LS_C = \min \begin{cases} LS_E - S_C TS_E = 14 - 8 = 6 \\ LS_F - S_C TS_F = 12 - 5 = 7 \\ LS_F - F_C TF_F - t_C = 26 - 7 - 12 = 7 \end{cases} = 6 \\ LF_C = LS_C + t_C = 6 + 12 = 18 \end{cases}$

⑥ $\begin{cases} LF_B = LS_E - F_D TS_E = 14 - 3 = 11 \\ LS_B = LF_B - t_B = 11 - 6 = 5 \end{cases}$

⑦ $\begin{cases} LS_A = \min \begin{cases} LS_B - S_A TS_B = 5 - 4 = 1 \\ LF_C - F_A TF_C - t_A = 18 - 2 - 8 = 8 \\ LF_D - S_A TE_D = 10 - 6 = 4 \end{cases} = 1 \\ LF_A = LS_A + t_A = 1 + 8 = 9 \end{cases}$

⑧ $LS_{起点} = 0, LF_{起点} = 0$

(3)计算工作的时差

①工作的总时差计算

由式(4-9)计算,各项工作的总时差 TF 分别为:

$TF_{起点} = 0, TF_A = 1, TF_B = 1, TF_C = 6$

$TF_D = 0, TF_E = 1, TF_F = 0, TF_G = 7$

$TF_H = 1, TF_I = 7, TF_{终点} = 0$

②工作的局部时差计算

由式(4-10)分别计算各项工作的局部时差如下：

$EF_{起点} = \min\{ES_A, ES_C, ES_D\} - ES_{起点} = 0$

$FF_A = \min \begin{cases} ES_B - ES_A - S_A TS_B = 4 - 0 - 4 = 0 \\ EF_C - EF_A - F_A TF_C = 12 - 8 - 2 = 2 \\ EF_D - ES_A - S_A TF_D = 10 - 0 - 6 = 4 \end{cases} = 0$

$FF_B = ES_E - EF_B - F_B TS_E = 13 - 10 - 3 = 0$

$FF_C = \min \begin{cases} ES_E - ES_C - S_C TS_E = 13 - 0 - 8 = 5 \\ ES_F - ES_C - S_C TS_F = 12 - 0 - 5 = 7 \\ EF_F - EF_C - F_C TF_F = 26 - 12 - 7 = 7 \end{cases} = 5$

$FF_D = \min \begin{cases} EF_F - EF_D - F_D TF_F = 26 - 10 - 16 = 0 \\ ES_G - EF_D - F_D TS_G = 10 - 10 - 0 = 0 \end{cases} = 0$

$FF_E = ES_H - ES_E - S_E TS_H = 15 - 13 - 2 = 0$

$FF_F = \min \begin{cases} EF_{终} - EF_F = 26 - 26 = 0 \\ EF_H - ES_F - S_F TF_H = 25 - 12 - 7 = 6 \end{cases} = 0$

$FF_G = EF_I - EF_G - F_G TF_I = 19 - 16 - 3 = 0$

$FF_H = ES_{终} - EF_H = 26 - 25 = 1$

$FF_I = ES_{终} - EF_I = 26 - 19 = 7$

某工程项目单代号搭接网络计划所有工作的时间参数计算结果如图4-19所示。

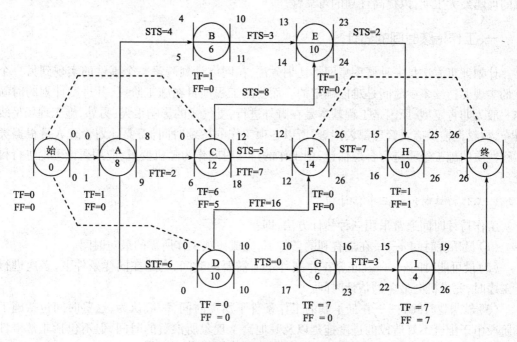

图4-19 某工程单代号搭接网络计划时间参数计算

(4)确定关键线路

搭接网络计划同样由多条线路组成,而且各条线路的长度也不一定相同,其中持续时间最长的线路决定着计划的总工期,称之为关键线路。需要注意的是,搭接网络计划各工作之间存在多种连接关系,这与一般网络计划中仅有衔接关系不同。所以,搭接网络计划中线路的长度并不等于该线路上所有工作持续时间之和。例如,图4-19中线路始—A—C—F—H—终,其各工作持续时间之和为44(0+8+12+14+10+0=44),但计划的总工期却为26。因此,当搭接网络计划中线路有多条时,必须通过工作的总时差为零时来判别关键工作,关键工作连成关键线路。在图4-19中,关键工作为D、F,关键线路为始—D—F—终点。

第三节 计划评审方法

前面介绍的网络计划关键线路法在分析计算中,工作之间的关系是确定的,工作的持续时间也都是确定的,因此称之为肯定型网络计划方法(CPM)。但是,在大型的公路工程项目和技术复杂的桥梁工程项目中,或者在新技术、新工艺、新材料、新结构和新设备等工程项目中,尽管其中各项工作之间的关系是确定的,而各项工作的持续时间则是非确定的,或者因为工作的影响因素太多而不便确定。此时可采用网络计划的计划评审方法,也称为非肯定型网络计划方法,简称为PERT,用于编制工程项目进度计划。

PERT网络图画法、时间计算以及优化方法基本上与CPM相同。但PERT网络计划有它独自的特点,就是在时间上要考虑随机因素。首先要对作业持续时间进行估计,然后针对估计的作业持续时间计算出期望工期,利用概率计算出按指令工期完成的可能性大小,从而找出完成的可能最大工期,以提高计划的可靠性。

一、工作持续时间的估计

计划评审方法是一种概率型网络计划方法,在网络计划阶段一个事件的实现到另一个事件的实现要持续多少时间是难以确定的。而公路工程项目在施工阶段,其进度计划的时间确定一般为非肯定型,原因是工程基本是在野外进行,受气候的影响很大;另外,施工现场呈线形分布,材料运输供应及管理都较困难,所以各项工作的持续时间,需要计划管理人员根据类似工程性质的施工经验进行合理估计,把工作的持续时间作为随机变量,应用概论理论进行科学处理。

1. 工作持续时间的三个估计值

工作持续时间通常采用三种估计方法,即:

(1)最乐观时间 a——在最有利的条件下,完成该项工作所需的最短时间。

(2)最可能时间 c——在正常工作条件下所需要的时间,它是在同样条件下,多次进行某一工序时,完成机会最多的估计时间。

(3)最悲观时间 b——在最不利的工作条件下所需时间,一般认为,这些时间包括施工开始阶段由于配合不好造成的进度拖延以及其他窝工现象所浪费的时间,但不包括非常事件造成的停工时间;非常事件主要包括自然灾害、政治事件等不可抗力的影响。

以上三个时间估计值存在着这样的关系：$a \leqslant c \leqslant b$。它们是某一随机过程出现频率分布的三个有代表性的数据，如图4-20所示。

图4-20的主要特点是：所有的时间可能估计值均位于 a 和 b 两边界之间。如果将此过程进行若干次，可以观察到以不同频率出现的各种估计值位于以 a 和 b 为界的区间内。

2. 工作持续时间的期望值和方差

期望值描述了持续时间随机变量的取值中

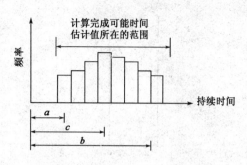

图4-20 时间估计值的频率分布

心，有了期望值就可以进行非肯定型网络计划的时间参数计算。在最乐观时间和最悲观时间的概率最小，而在最可能时间的概率最大，如果把 a、b、c "等权"地加以平均是不恰当的，所以应采用加权平均法求工作持续时间的期望值。

我国著名数学家华罗庚教授假定 c 发生的可能性2倍于乐观估计时间 a，也2倍于悲观估计时间 b，用加权平均法求出在 (a, c) 之间和 (c, b) 之间的平均值分别为：$(a + 2c)/3$ 和 $(2c + b)/3$。这两点各以 $1/2$ 可能性分布来代表它，则两点的平均值为：

$$t_e = \frac{1}{2}\left(\frac{a + 2c}{3} + \frac{2c + b}{3}\right) = \frac{a + 4c + b}{6} \tag{4-11}$$

式中：t_e——工作作业持续时间的期望；

a、c、b 的权数为1、4、1。

例如，有一持续时间 t_1 的估计值为 $a_1 = 10\text{d}, c_1 = 18\text{d}, b_1 = 20\text{d}$，则其持续时间的期望值由式(4-11)得：

$$t_{e1} = \frac{10 + 4 \times 18 + 20}{6} = 17\text{d}$$

另有一持续时间 t_2 的估计值 $a_2 = 5\text{d}, c_2 = 18\text{d}, b_2 = 25\text{d}$，则由式(4-11)得：

$$t_{e2} = \frac{5 + 4 \times 18 + 25}{6} = 17\text{d}$$

这样两个持续时间的期望值都是17d，但 a、b、c 各不相同，此时需用方差来衡量这种差异。方差是衡量估计偏差的特征数，求出期望时间的方差即可衡量持续时间期望值的肯定性。期望值的方差用 σ^2 表示，其计算公式如下：

$$\sigma^2 = \frac{1}{2}\left[\left(\frac{a + 4c + b}{6} - \frac{a + 2c}{3}\right)^2 + \left(\frac{a + 4c + b}{6} - \frac{2c + b}{3}\right)^2\right]$$

$$= \left(\frac{b - a}{6}\right)^2 \tag{4-12}$$

当方差数值较小时，随机变量的可能值密集在数学期望值附近，如图4-21a)所示，它说明时间具有较大的肯定性；反之，则方差值较大，它说明时间具有较大的不肯定性，如图4-21b)所示。

上面例子中两个持续时间期望值的方差，按式(4-12)计算得：

$$\sigma_1^2 = \left(\frac{20 - 10}{6}\right)^2 = 2.778$$

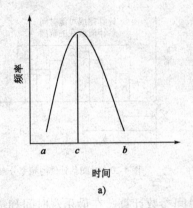
a)
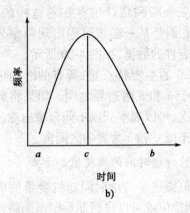
b)

图 4-21 σ^2 与时间肯定性之间的关系

$$\sigma_2^2 = \left(\frac{25-5}{6}\right)^2 = 11.111$$

由此可知,尽管持续时间 t_1、t_2 的期望值相同,但是持续时间 t_1 比 t_2 的肯定性要大。

有时也用均方差 σ 或标准离差来衡量工作持续时间的肯定性,它是方差的正平方根,即:

$$\sigma = +\sqrt{\sigma^2} = \frac{b-a}{6} \tag{4-13}$$

二、期望工期与方差及计划完成的概率

1. 计划的期望工期与方差

求出网络计划各项工作持续时间的期望值和方差后,就可以求出整个计划的期望工期及其方差,并求出计划按期完成的概率。

计算计划的期望工期与一般肯定型网络计划求总工期的方法一样,即网络计划关键线路上所有持续时间的期望值 t_e 和方差 σ^2 的总和为计划的期望工期 T_E 与期望工期的方差 σ_P^2:

$$T_E = \sum_{CP} t_e \tag{4-14}$$

$$\sigma_P^2 = \sum_{CP} \sigma^2 \tag{4-15}$$

式中:CP——关键线路。

由于计划的期望工期 T_E 是通过各项工作和持续时间期望值求得的,所以 T_E 亦为随机变量。为了判别它的肯定程度,还需计算期望工期的方差 σ_P^2。值得注意的是,当网络计划存在两条以上关键线路时,计划期望工期的方差,应在多条关键线路的方差中取最大值。

例如,某项目网络计划各工作的三个持续时间估计值如图 4-22a)所示。按式(4-11)和式(4-12)分别计算工作持续时间的期望值 t_e 和方差 σ^2,见图 4-22b)。

由图 4-22b)可知,该网络计划有两条关键线路,Ⅰ①→②→④→⑦→⑧和Ⅱ①→③→④→⑦→⑧。根据式(4-14)和式(4-15)分别计算期望工期 T_E 和方差 σ_P^2 如下。

关键线路Ⅰ:

$$T_E = \sum_{CP} t_e = 10.5 + 11.5 + 16 + 16 = 54d$$

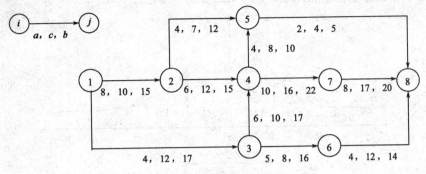

a) 三个持续时间估计值的网络计划

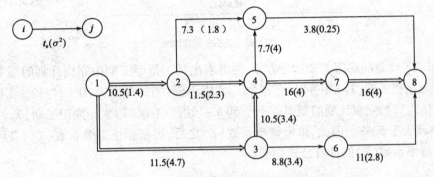

b) 工作持续时间期望值与方差计算结果

图 4-22 计划评审法计算示例

$$\sigma_P^2 = \sum_{CP} \sigma^2 = 1.4 + 2.3 + 4 + 4 = 11.7$$

关键线路Ⅱ：

$$T_E = 11.5 + 10.5 + 16 + 16 = 54d$$
$$\sigma_P^2 = 4.7 + 3.4 + 4 + 4 = 16.1$$

关键线路Ⅰ和Ⅱ虽然长度相等，但它们的肯定程度不相同，因此该网络计划期望工期的方差应为 16.1。

2. 计算按期完成的概率

计算出计划工期的期望值和方差后，运用概率论的基本原理，便可以求出一个重要参数，即计划按期完成的概率。

当一个网络计划存在多项工作事件，而且每项工作持续时间的期望值对计划的期望工期影响又不大时，计划的期望工期随机变量就能较好地服从概率论中的正态分布，于是可以运用正态分布的原理计算计划按期完成的概率。

由上述的计算示例知，$T_E = 54d$，$\sigma_P = \sqrt{\sigma_P^2} = \sqrt{16.1} = 4d$，则在 $T_E \pm \sigma_P$ 即 50~58d 范围内完成计划的概率为 68.2%，而在 $T_E \pm 2\sigma_P$ 即 46~62d 范围内完成计划的概率为 85.4%，在 $T_E \pm 3\sigma_P$ 即 42~66d 范围内完成计划的概率为 99.8%，其正态分布规律如图 4-23 所示。

由正态分布规律可知，完成某项计划的概率是由该计划的期望工期和均方差确定的。

图 4-23 中该计划完成时间最短不得少于 42d，最长也不得超过 66d。

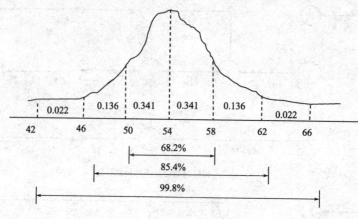

图 4-23 正态分布规律

可见知道了计划的期望工期和均方差，便可求出某一指令工期内完成计划的概率。当指令工期(T)与期望工期(T_E)相等时，在指令工期内完成计划的概率为 50%；当指令工期(T)小于期望工期(T_E)时，完成计划的概率就小于 50%；当指令工期(T)大于期望工期(T_E)时，完成计划的概率将大于 50%。因此，求出概率系数(Z)之后，再依据正态分布表(表 4-2)，查得概率 $P(Z)$。概率系数(Z)的计算公式如下：

$$Z = \frac{T - T_E}{\sigma_P} \tag{4-16}$$

概 率 表（摘录） 表 4-2

Z	P	Z	P	Z	P	Z	P
-3.0	0.001 4	-1.4	0.080 8	+0.2	0.579 3	+1.8	0.946 1
-2.9	0.001 9	-1.3	0.096 8	+0.3	0.617 9	+1.9	0.971 3
-2.8	0.002 6	-1.2	0.115 1	+0.4	0.655 4	+2.0	0.977 0
-2.7	0.003 5	-1.1	0.135 7	+0.5	0.691 5	+2.1	0.982 1
-2.6	0.004 7	-1.0	0.158 7	+0.6	0.725 7	+2.2	0.986 1
-2.5	0.006 2	-0.9	0.184 1	+0.7	0.758 0	+2.3	0.989 3
-2.4	0.008 2	-0.8	0.211 9	+0.8	0.788 1	+2.4	0.991 8
-2.3	0.010 7	-0.7	0.242 0	+0.9	0.815 9	+2.5	0.993 8
-2.2	0.013 9	-0.6	0.274 3	+1.0	0.841 3	+2.6	0.995 3
-2.1	0.017 9	-0.5	0.308 5	+1.1	0.864 3	+2.7	0.996 5
-2.0	0.022 8	-0.4	0.344 6	+1.2	0.884 9	+2.8	0.997 4
-1.9	0.028 7	-0.3	0.382 1	+1.3	0.903 2	+2.9	0.988 1
-1.8	0.035 9	-0.2	0.420 7	+1.4	0.919 2	+3.0	0.998 7
-1.7	0.044 6	-0.1	0.460 2	+1.5	0.933 2		
-1.6	0.054 8	0.0	0.500 0	+1.6	0.945 2		
-1.5	0.066 8	+0.1	0.539 8	+1.7	0.955 4		

现仍以图 4-22 所示网络计划为例,已知 $T_E=54d$,$\sigma_P=4d$,分别计算在 50d 和 60d 内完成计划的概率。

当 $T=50d$ 时:$Z=\dfrac{50-54}{4}=-1$

当 $T=60d$ 时:$Z=\dfrac{60-54}{4}=1.5$

查表 4-2 得 50d 内完成计划的概率为 15.87%;60d 内完成计划的概率为 93.32%。可见该例 50d 内完成计划的可能性很小,而 60d 内完成计划的可能性很大,可以认为很有把握完成。

反之,如果预先给定了概率 $P(Z)$,由表 4-2 可查出概率系数 Z,从而可以计算出所需的指令工期 T。由式(4-16)得:

$$T = T_E + Z \times \sigma_P \tag{4-17}$$

若上例要求该项计划完成的概率为 90%,则查表 4-2 得对应的 Z 值为 1.28,代入式(4-17)得:

$$T = 54 + 1.28 \times 4 = 59d$$

此时指令工期 T 应不少于 59d。

三、PERT 时间参数计算

求出了 PERT 的期望工期及其方差,以及计划按指令工期完成的概率以后,则可对整个计划的最终工期目标进行合理的控制。但是,计划实施阶段某一时刻,实际完成情况及其实现的概率,还需计算网络图节点时间参数。

1. 计算节点最早时间及方差

因 PERT 网络图与 CPM 网络图计算原理相同,则节点最早时间(ET)和方差 $\sigma^2(ET)$ 计算式为:

设 $ET_1 = 0$, $\sigma^2(ET_1) = 0$

$$\left.\begin{array}{l} ET_j = \max\{ET_i + t_e\} \\ \sigma^2(ET_j) = \max\{\sigma^2(ET_i) + \sigma^2(t_e)\} \end{array}\right\} \tag{4-18}$$

式(4-18)由网络图起点开始沿箭线方向逐个节点计算到终点为止。

2. 计算节点最迟时间及方差

设 $LT_n = ET_n$(n 为网络图的终点节点)且指令工期为 T 时,$LT_n = T$;无指令工期时,计划的期望工期为 T_E,则 $LT_n = ET_n = T_E$,$\sigma^2(LT_n) = 0$。

$$\left.\begin{array}{l} LT_i = \min\{LT_j - t_e\} \\ \sigma^2(LT_i) = \max\{\sigma^2(LT_j) + \sigma^2(t_e)\} \end{array}\right\} \tag{4-19}$$

式(4-19)由网络图终点开始逆箭线方向逐个节点计算到起点为止。

3. 计算节点时差及实现概率

PERT 网络计划分析及计算均以节点为基准,节点时间变动范围称为节点的时差(松弛时间)。

$$TF_i = LT_i - ET_i \\ \sigma^2(TF_i) = \sigma^2(LT_i) + \sigma^2(ET_i) \Bigg\} \quad (4-20)$$

在 PERT 网络计划中,TF = 0 的节点称为关键节点,关键节点及其顺序关系箭杆组成关键线路,这一点与 CPM 网络计划类似。不同之处在于 PERT 网络计划中时差是一个正态分布的随机变量,由计算所得的 TF 值得一个期望值,因此可以根据 TF 及其方差 σ^2(TF)估计节点完成的概率。

节点工期完成的概率可根据下式求出正态分布偏离值 Z 后,查表 4-2 得出概率 $P(Z)$。

$$Z = \frac{TF_i}{\sigma} = \frac{LT_i - ET_i}{\sqrt{\sigma^2(LT_i) + \sigma^2(ET_i)}} \quad (4-21)$$

4. 保证节点在规定期限完成的概率

有时某一节点的完成期限在网络计划编制以前已有规定,如桥梁工程施工中,基础工程必须在汛期到来以前完成,以便继续进行其他部分施工。对于这种情况,必须求出该节点完成的最早时间 ET 与规定期限 PT 之间的关系。当 PT > ET 时,自然易于保证按期或提前完成;如 PT < ET,则需要估计保证该节点在规定期限完成的概率 P。

为求保证节点 i 在 PT_i 期限内完成的概率,可先按下式求出 Z_i:

$$Z_i = \frac{PT_i - ET_i}{\sigma(ET_i)} \quad (4-22)$$

然后根据 Z_i 由表 4-2 查出 P 值。

同理,若工程最终限期已事先确定,则可按式(4-22)计算保证规定最终期限完成的概率;或根据规定的概率寻求可能性最大的工期。

由式(4-22)得:

$$PT_i = ET_i + Z_i \sigma(ET_i) \quad (4-23)$$

5. 计算举例

已知某项目的网络计划如图 4-24 所示,试计算网络图节点时间参数及其实现的概率,并分析指令工期等于期望工期情况下和指令工期为 28d 和 34d 时计划完成的概率。若要求计划完成概率达 95%,则指令工期应不少于多少天?

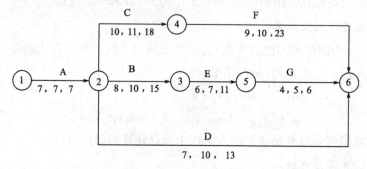

图 4-24 某项目 PERT 网络图

(1)根据网络图上所注的数据,计算各项工作的 t_e 及 $\sigma^2(t_e)$。按式(4-11)和式(4-12)计算,结果列于表4-3。

计 算 结 果　　　　　　　　　　　　　　表4-3

工序 $i \to j$	估计时间(d)			工作持续时间期望值 t_e	方差 $\sigma^2(t_e)$
	a	c	b		
①→②	7	7	7	7	0
②→③	8	10	15	10.5	1.36
②→④	10	11	18	12	1.78
②→⑥	7	10	13	10	1
③→⑤	6	7	11	7.5	0.69
④→⑥	9	10	23	12	5.44
⑤→⑥	4	5	6	5	0.11

t_e 和 $\sigma^2(t_e)$ 计算结果标注在图4-25箭线下方。

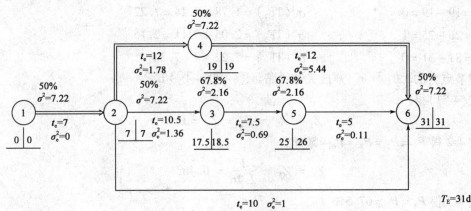

图4-25　网络图举例计算结果

(2)计算节点最早时间及方差

由式(4-18)得:

$ET_1 = 0$　　　　　　　　　　　　$\sigma^2[ET_1] = 0$

$ET_2 = 0 + 7 = 7$　　　　　　　　$\sigma^2[ET_2] = 0 + 0 = 0$

$ET_3 = 7 + 10.5 = 17.5$　　　　 $\sigma^2[ET_3] = 0 + 1.36 = 1.36$

$ET_4 = 7 + 12 = 19$　　　　　　 $\sigma^2[ET_4] = 0 + 1.78 = 1.78$

$ET_5 = 17.5 + 7.5 = 25$,　　　　$\sigma^2[ET_5] = 1.36 + 0.69 = 2.05$

$ET_6 = \max\{25+5, 19+12, 7+10\} = 31$

$\sigma^2(ET_6) = \max\{0+1, 1.78+5.44, 2.05+0.11\} = 7.22$

ET_i 计算结果标注在图4-25"⊥"形的左边。

(3)计算节点最迟时间及方差

由式(4-19)得:

$LT_6 = ET_6 = 31$ $\qquad \sigma^2(LT_6) = 0$

$LT_5 = 31 - 5 = 26$ $\qquad \sigma^2(LT_5) = 0 + 0.11 = 0.11$

$LT_4 = 31 - 12 = 19$ $\qquad \sigma^2(LT_4) = 0 + 5.44 = 5.44$

$LT_3 = 26 - 7.5 = 18.5$ $\qquad \sigma^2(LT_3) = 0.11 + 0.69 = 0.8$

$LT_2 = \min\{31 - 10, 18.5 - 10.5, 19 - 12\} = 7$

$\sigma^2(LT_2) = \max\{0 + 1, 5.44 + 1.78, 0.8 + 1.36\} = 7.22$

$LT_1 = 7 - 7 = 0$ $\qquad \sigma^2(LT_1) = 7.22 + 0 = 7.22$

LT_i 计算结果标注在图 4-25 "⊥" 形的右边。

(4) 计算节点时差及实现的概率

由式 (4-20) 得：

$TF_1 = 0 - 0 = 0$ $\qquad \sigma^2(TF_1) = 0 + 7.22 = 7.22$

$TF_2 = 0 - 0 = 0$ $\qquad \sigma^2(TF_2) = 0 + 7.22 = 7.22$

$TF_3 = 18.5 - 17.5 = 1$ $\qquad \sigma^2(TF_3) = 1.36 + 0.8 = 2.16$

$TF_4 = 19 - 19 = 0$ $\qquad \sigma^2(TF_4) = 1.78 + 5.44 = 7.22$

$TF_5 = 26 - 25 = 1$ $\qquad \sigma^2(TF_5) = 2.05 + 0.11 = 2.16$

$TF_6 = 31 - 31 = 0$ $\qquad \sigma^2(TF_6) = 7.22 + 0 = 7.22$

关键节点为①、②、④、⑥，连成关键线路是①→②→④→⑥。

由式 (4-21) 得：

$$Z_1 = Z_2 = Z_4 = Z_6 = 0$$

查表 4-2 得 $P_1 = P_2 = P_4 = P_6 = 50\%$

$$Z_3 = Z_5 = \frac{1}{2.16} = 0.463$$

查表 4-2 得 $P_3 = P_5 = 67.5\%$

各个节点的方差及其实现的概率见图 4-25。

(5) 求规定工期完成的概率

当指令工期 T 等于期望工期 T_E 时，按期完成计划的概率由式 (4-14) 得：

$$T_E = \sum_{CP} t_e = 7 + 12 + 12 = 31d$$

由式 (4-15) 得：

$$\sigma_P^2 = \sum_{CP} \sigma_e^2 = 0 + 1.78 + 5.44 = 7.22$$

由式 (4-16) 得：

$$Z = \frac{T - T_E}{\sigma_P} = \frac{31 - 31}{7.22} = 0$$

查表 4-2 得 $P(Z) = 50\%$，即当 $T = T_E$ 时，按期完成计划的概率为 50%。

当 $T = 28d$ 时：

$$Z = \frac{28 - 31}{7.22} = -0.416$$

查表 4-2 得 $P(Z) = P(-0.416) = 35.06\%$,即当 $T = 28$d 时按期完成的概率为 35.06%。
当 $T = 34$d 时:

$$Z = \frac{34 - 31}{7.22} = 0.416$$

查表 4-2 得 $P(0.416) = 66.1\%$,即当 $T = 34$d 时按期完成的概率为 66.1%。
如果要求计划完成的概率为 95%,即 $P(Z) = 0.95$,查表 4-2 得 $Z = 1.64$,由式(4-17)计算指令工期 T 为:

$$T = T_E + Z\sigma_P = 31 + 1.64 \times 7.22 = 42.84\text{d}$$

若要求完成计划的可能性达 95% 时,则应规定工期为 42.84d。

小 结

本章介绍了表达流水施工组织的双代号网络计划与流水箭杆网络图及其时间参数的计算;搭接关系的表示方法与搭接网络计划的绘制及其时间参数的计算;计划评审方法的工作持续时间估计,期望工期与方差及计划完成概率的计算,以及计划评审法时间参数的计算和施工阶段规定期限完成的概率计算等。

思 考 题

1. 流水施工组织与双代号网络计划方法如何统一?
2. 什么是流水箭杆和时距箭杆?
3. 流水施工网络图如何简化? 简化的网络图时间参数怎样计算?
4. 简述搭接关系的概念及其表达方式。
5. 搭接关系是由什么因素决定的? 它如何分类? 在公路工程施工中怎样应用?
6. 简述搭接网络图与一般网络图绘制方法的区别与联系。
7. 搭接网络计划时间参数计算的数学模型如何表达? 计算应注意哪些问题?
8. 搭接网络计划关键线路的确定为什么只能采用关键工作法?
9. PERT 网络图与 CPM 网络图的画法有何异同?
10. PERT 工作持续时间有哪 3 种估计? 其期望值和方差如何计算?
11. 期望工期与方差及计划完成的概率如何计算?
12. PERT 时间参数及规定期限完成的概率如何计算?

练 习 题

1. 根据题表 4-1 流水节拍,按四三一二顺序组织流水施工,试进行流水施工组织并绘制其双代号网络计划图,再绘制流水施工网络简化图并计算时间参数。

流水节拍　　　　　　　　　　　　　题表 4-1

n \ M	一	二	三	四
A	3	4	3	2
B	3	3	3	2
C	4	5	4	5
D	2	2	3	3

2. 某工程项目搭接网络计划如题图 4-1 所示，计算其时间参数并确定关键线路。

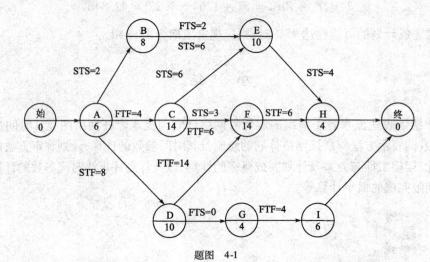

题图 4-1

3. 某工程项目的网络计划如题图 4-2 所示，试计算时间参数与期望工程及方差，以及该计划指令工期等于期望工期情况下指令工期为 18d 及 20d 的概率。如果要求完成计划的概率达到 90%，则指令工期应规定为多少天？

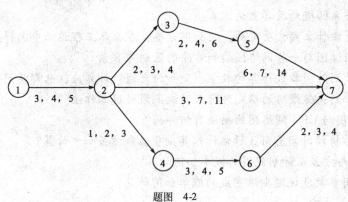

题图 4-2

第五章　进度计划的编审及范例

第一节　进度计划的编制

公路工程项目进度计划是对工程实施过程进行监理的前提,没有进度计划,也就谈不上对工程项目的进度监理。因此,在工程开始施工之前,承包人应向监理工程师提供一份科学、合理的工程项目进度计划。

一、编制要求及阶段划分

公路建设项目的特征是技术要求高,投资大,建设周期长,涉及面广,干扰因素多。为使项目的执行能够按照预期的计划目标实现,并争取早日投入使用而获取经济效益,针对施工全过程的进度控制则十分必要。

一份完整的进度计划,从施工单位角度讲是履约合同的保证、指导工程的依据,从监理工程师的职责看是控制进度、管理工期的凭证。所以,双方一开始就要对编制计划保持不断的信息交流。监理工程师要对计划编制提出要求,制定必要的规定,明确方法、确定内容,编制切实可行,既能符合合同,又能指导施工的进度计划。施工单位在接到中标通知书后,应认真阅读技术规范、设计图纸,并对现场的地形地物、征地拆迁等情况进行认真的调查研究,做好相关的施工组织设计,编制施工进度计划。

进度监理应在确保质量和使全的基础上,以计划控制为主线进行。监理工程师应要求承包人按时提交进度计划,严格进度计划审批、及时收集、整理、分析进度信息,发现问题及时按照合同规定纠正。监理工程师应要求承包人在合同规定的期限内编制并提交进度计划。进度计划应有文字说明、进度图表和保证措施等。总体进度计划中宜绘制网络图,标注关键路线和时间参数。总体进度计划中和月进度计划中应绘制资金流量 S 曲线图。

工程项目进度计划,根据工程项目实施的不同阶段,分别编制总体进度计划及年、月进度计划;对于某些起控制作用的关键工程项目(如桥梁、隧道、立体交叉等),还应单独编制工程进度计划,现分别介绍如下。

二、进度计划的主要内容

1. 总体进度计划

工程项目的施工总进度计划是用来指导工程全局的,它是工程从开工一直到竣工为止,各个主要环节的总的进度安排,起着控制构成工程总体的各个单位工程或各个施工阶段工期的作用。因此,工程的总进度计划可供监理工程师作为控制和协调工程总体进度之用。根据 FIDIC 合同条件第 8.3 条规定,承包人应在合同规定的时间内,向监理工程师提交一份格式和细节都符合监理工程师规定的工程总进度计划,以取得监理工程师的同意。

在承包人提交的工程总体进度计划中,应当反映出以下主要内容:

(1)工程项目的合同工期;

(2)完成各单位工程及各施工阶段所需要的工期、最早开始和最迟结束的时间;

(3)各单位工程及各施工阶段需要完成的工程量及现金流动估算;

(4)各单位工程及各施工阶段所需配备的人力和机械数量;

(5)各单位工程或分部工程的施工方案和施工方法等。

总体进度计划的编制可以采用横道图、斜条图、进度曲线或网络计划图,但无论采用什么方法,都应反映出上述内容。现金流动估算表即与总体进度计划相应的进度曲线,通过现金流动估算表可以得到每月完成的工程费用额及已完成工程费用的累计。施工方案及方法则可通过施工组织设计来反映。

2. 年、月进度计划

对于一个公路工程项目来说,仅有工程项目的总体进度计划对于工程的进度监理是不够的,尤其当工程项目比较大时,还需要编制年度和月进度计划。年度进度计划要受工程总体进度计划的控制,而月进度计划又受年度进度计划的控制。月进度计划的实现是年度进度计划实现的保证,而年度进度计划的实现,又保证了总体进度计划的实现。

(1)年度进度计划的主要作用

①统一安排全年内各正在施工或将要开工工程的施工,确定年度施工任务。

②确定各项年度生产指标,即在年度内要完成哪些单位工程、分部分项工程或部分完成哪些工程项目。

③根据年度季节、气候的不同,合理安排施工进度。

因此,在年度进度计划中应反映出:

①本年计划完成的单位工程及施工阶段的工程项目内容、工程数量及投资指标。

②施工队伍和主要施工设备的数量及调配顺序。

③不同季节及气温条件下各项工程的时间安排。

④在总体进度计划下对各分项工程进行局部调整或修改的详细说明等。

在年度计划的安排过程中,应重点突出组织顺序上的联系,如大型机械的转移顺序、主要施工队伍的转移顺序等。首先安排重点、大型、复杂、周期长、占劳动力和施工机械多的工程,优先安排主要工种或经常处于短线状态工种的施工任务,并使其连续作业。

安排年度进度计划时,应注意摆好下列关系:一般工程受重点工程的制约,配套项目受主体项目的制约;下级计划受上级计划的制约,计划内短期安排受整个计划工期的制约。同时,在调整计划时尽量不改变年度计划的指标,以便于考核计划的执行情况。

(2)月度进度计划的作用

①确定月施工任务,例如,本月施工的工程项目,每项工程包括哪些内容,预计要完成到什么部位,工作量和工程量是多少,由谁来完成,相互间如何配合等。

②指导施工作业,即施工顺序如何,相关的施工专业队组织如何实现流水作业等。

③进行月施工各项指标的平衡、汇总,以便综合衡量完成的工程数量和工程投资,作为考核月施工进度情况的依据。

因此,在月工程进度计划中应反映出:

①本月计划完成的分项工程内容及顺序安排。
②完成本月及各分项工程的工程数量及投资额。
③完成各项工程的施工队伍及人力和主要设备的配额。
④在年度计划下对各单位工程或分项工程进行局部部调整或修改的详细说明等。

3. 关键工程进度计划

关键工程进度计划,是指一个公路工程项目中起控制作用的关键工程,如某一桥梁工程、隧道工程或立体交叉工程的进度计划。由于关键工程的施工工期常常关系到整个工程项目施工总工期的长短,因此在施工进度计划的编制过程中将单独编制关键工程进度计划。

关键工程进度计划中应反映的内容有:

(1)具体施工方案和施工方法。
(2)总体进度计划及各道工序的控制日期。
(3)现金流动估算。
(4)各施工阶段的人力和设备的配额及运转安排。
(5)施工准备及结束清场的时间安排。
(6)对总体进度计划及其他相关工程的控制、依赖关系和说明等。

第二节 进度计划的审批

根据 FIDIC 通用条件第 8.3 条规定,承包人在接到中标通知书之日后,在合同要求的时间内应向监理工程师提交一份其格式和细节符合合同要求的工程总进度计划,以取得监理工程师的批准。如果监理工程师提出要求,承包人还应以书面形式提交一份有关承包人为完成工程而建议采用的施工方案和施工方法的总说明,供监理工程师查阅。

一、提交进度计划

根据《公路工程标准施工招标文件》(2009 年版)第 10.1 规定,承包人向监理人报送施工进度计划和施工方案说明的期限:签订合同协议书后 28d 之内。监理人应在 14d 内对承包人施工进度计划和施工方案说明予以批复或提出修改意见。合同进度计划应按照关键线路网络图和主要工作横道图两种形式分别编绘,并应包括每月预计完成的工作量和形象进度。

在中标通知书发出后合同规定的时间内,监理工程师应要求承包人书面提交以下文件(即总体进度计划):

(1)一份详细和格式符合要求的工程总体进度计划及必要的各项关键工程的进度计划。
(2)一份有关全部支付的现金流动估算。
(3)一份有关施工方案和施工方法的总说明(即通过施工组织设计提出)。

承包人应在每年 11 月底前,根据已同意的合同进度计划或其修订的计划,向监理人提交

2份格式和内容符合监理人合理规定的下一年度的施工计划,以供审查。该计划应包括本年度估计完成的和下一年度预计完成的分项工程数量和工作量,以及为实施此计划将采取的措施。

在将要开工以前或在开工以后合理的时间内,监理工程师应要求承包人提交以下文件(即阶段性进度计划文件):
(1)年度进度计划及现金流动估算。
(2)月度进度计划及现金流动估算。
(3)分项(或分部)工程的进度计划。

关于合同进度计划的修订,《公路工程标准施工招标文件》(2009年版)第10.2(合同进度计划的修订)规定,承包人提交合同进度计划修订申请报告,并附有关措施和相关资料的期限:实际进度发生滞后的当月25日前。监理人批复修订合同进度计划的期限:收到修订合同进度计划后14d内。

二、审批进度计划

监理工程师在接到承包人提交的工程进度计划之后,应对进度计划进行认真审核,其目的是检查承包人所制订的工程进度计划是否合理,有无可能实现,是否适合工程的实际条件和现场情况,避免以空洞的、不切实际的工程进度计划来指导施工,造成工期延误。

1. 进度计划的审查步骤

监理工程师应在合同规定的期限内审批承包人提交的进度计划。总体进度计划应由总监理工程师审核;月进度计划等应由驻地监理工程师审核并报总监办。经批准的进度计划作为进度监理的依据。

审查工作应按以下程序进行:
(1)阅读文件、列出问题、进行调查了解。
(2)提出问题,与承包人进行讨论或澄清。
(3)对有问题的部分进行分析,向承包人提出修改意见。
(4)审查批准承包人修改后的进度计划。

2. 监理工程师审查计划的内容

监理工程师在审查承包人的工程进度计划时应注意下列事项。
(1)工期和时间安排的合理性
①承包人提交的工程总进度计划的总工期必须符合工程项目的合同工期,即计划总工期应少于或等于合同工期。
②各施工阶段或单位工程(包括分部、分项工程)的施工顺序和时间安排与材料和设备的进场计划相协调;施工的开始时间和结束时间应合理,尽可能使施工对资源的要求趋于均衡。
③易受冰冻、低温、炎热、雨季等气候影响的工程应安排在适宜的时间施工,并应采取有效的预防和保护措施。
④对动员、清场、假日及天气影响的时间,应有充分的考虑并留有余地。

（2）施工准备的可靠性

①所需主要材料和设备的运送日期是否已有保证。

②主要骨干人员及施工队伍的进场日期是否已经落实。

③施工测量、材料检查及标准试验的工作是否已经安排。

④驻地建设、进场道路及供电、供水等是否已经解决或已有可靠的解决方案。

（3）计划目标与施工能力的适应性

①各阶段或单位工程计划完成的工程量及投资额应与承包人的设备和人力实际状况相适应。

②各项施工方案和施工方法应与承包人的施工经验和技术水平相适应。

③关键线路上的施工力量安排应与非关键线路上的施工力量安排相适应。

当监理工程师通过调查了解，落实了上述对工程进度计划有影响的条件和因素并经过评价后，如确认承包人为完成工程而提供的工程进度计划是合理的，而且计划切实可行，则应在合理的时间内同意承包人的进度计划并通知承包人可以按照计划安排施工。

3. 监理工程师审批计划的权限

根据 FIDIC 通用条件第 8.6 条规定，无论何时，如果监理工程师认为工程的实际进度不符合上述已同意的工程进度计划，则承包人应根据监理工程师的要求拟定一份修订后的总进度计划，表明其对总进度计划所作的必要的修改，以保证在竣工期内完成本工程。

因此，如果监理工程师经过充分的分析和调查了解，认为承包人所提交的工程进度计划与他自己实际的技术、装备能力不相适应，尤其是计划中关键线路上的工作安排不合理，则可以要求承包人修订工程进度计划，并重新拟定一份工程进度计划，以取得监理工程师的批准。

监理工程师在批准了承包人所提交的工程进度计划之后，应在第一次工地会议上提供有关监督控制工程进度计划方面的一整套报表和有关规定。同时为了保证工程进度计划的正常进行，监理工程师应经常根据有关影响工程进度方面的记录资料，分析工程进度方面存在的问题，随时掌握承包人的工程进展情况。如果监理工程师根据评价的结果，认为工程或工程的任何部分进度过慢与进度计划不相符合时，应立即通知承包人并要求承包人采取监理工程师同意的必要措施加快进度，以确保工程按计划完成。

《公路工程标准施工招标文件》（2009 年版）第 11.5 条规定：承包人应严格执行监理人批准的合同进度计划，对工作量计划和形象进度计划分别控制。除 11.3 款规定外，承包人的实际工程进度曲线应在合同进度管理曲线规定的安全区域之内。若承包人的实际工程进度曲线处在合同进度管理曲线规定的安全区域的下限之外时，则监理人有权认为本合同工程的进度过慢，并通知承包人采取必要措施，以便加快工程进度，确保工程能在预定的工期内交工。承包人应采取措施加快进度，并承担加快进度所增加的费用。如果承包人在接到监理人通知后的 14d 内，未能采取加快工程进度的措施，致使实际工程进度进一步滞后，或承包人虽采取了一些措施，仍无法按预计工期交工时，监理人应立即通知发包人。发包人在向承包人发出书面警告通知 14d 后，发包人可按第 22.1 款终止对承包人的雇用，也可将本合同工程中的一部分工作交由其他承包人或其他分包人完成。在不解除本合同规定的承包人责任和义务的同时，承包人应承担因此所增加的一切费用。

FIDIC 通用条件第 8.6 条讲述了工程进度问题，其主要规定为以下几点：

(1)如果实际进度太慢,不能在合同工期内完成工程,以及/或者进度已经或将落后于现有的进度计划,而承包人又无权索赔工期,在此类情况下,工程师可以要求承包人递交一份新的进度计划,同时附有赶工方法说明。

(2)若工程师没有另外通知,承包人应按新的赶工计划实施工程,这可能要求延长工作时间和增加人员和设备的投入,赶工的风险和费用也由承包人承担。

(3)如果新的赶工计划导致业主支付了额外费用,业主可以根据合同条款(业主的索赔)向承包人索赔,承包人应将此类费用支付给业主。

(4)如果承包人仍没有按期完工,除了上述费用之外,他还应支付拖期赔偿费。

根据上述有关进度的条款规定,监理工程师可以要求承包人按照合同条件所规定的内容,在进度缓慢或者严重缓慢时采取相应的措施,以加快工程进度。倘若承包人未能按照合同条件的规定执行监理工程师的指示,监理工程师有权公正地采取措施,以使承包人按进度计划中预定的竣工日期完成工程。

如果承包人无正当理由而拖延工期或工程已经严重延误,而承包人又不为此采取必要的加快工程进度的措施时,监理工程师应慎重对待这一事实,并向建设单位报告,以便由建设单位来决定是否继续执行合同。

通常工程项目进度计划的审核工作由监理工程师负责进行,但工程较大且复杂时,工程进度计划审核工作的工作量将很大。一般的做法是监理工程师审核工程项目总进度计划;单项工程进度计划(或关键工程进度计划)的审核由单项工程驻地监理工程师进行,并向监理工程师负责。

在工程开工后,驻地监理工程师应建立单项工程的月、旬进度报表及进度控制图表,以便对分项施工的工程月、旬进度进行控制。其图表宜采用直观反映工程实际进度的形式,如形象进度图等,以便随时掌握各专业分项施工的实际进度与计划进度间的差距。当这种差距出现时,驻地监理工程师应及时向承包人发出工程进度缓慢信号,要求承包人采取措施加快进度,同时应向监理工程师汇报并提供资料,供监理工程师对工程实际进展情况进行综合评价。如果承包人实际施工进度确实影响到整个工程的完工日期,则应要求承包人尽快调整工程进度计划。

经常有这样的情况,即引起工程进度延误的原因来自几个方面,这种情况下监理工程师应召开工地碰头会议,召集各方面负责人进行协调,以便解决工程进度受阻的问题。一般情况下,应规定这种工地会议的定期召开时间,使其形成一种制度。

第三节 进度计划编审范例

一、进度计划编制实例

1. 横道图进度计划的编制

(1)工程项目划分及工程数量计算

编制施工进度计划是工程进度监理的第一任务,其目的就是要确定一个能控制工期的计划值,作为工程进度监理的依据。一般说来,编制工程进度计划就是要决定什么时候做什么工作,或者什么时候做到什么程度。无论是工程施工本身的各项工程或各道工序,还是与施工有关的其他工作,都应该纳入进度计划,或者说,都要对其进度做出计划安排。因此,编制工程进度计划时,首先要将所计划的工程项目分解成若干单项的工作。公路工程是由若干施工项目所组成的,如路基、路面、桥梁、隧道、沥青拌和场、构件预制场、附属工程等单位工程,根据进度计划的编制阶段不同,在编制单位工程施工计划时,还要将施工项目进一步细分,即划分为若干种工序、操作。如路面工程可进一步分为底基层、基层、面层等分项工程,直到立模、扎钢筋、混凝土浇筑等具体的工序。在划分项目时应注意:

①划分施工项目应与施工方法一致。为了使进度计划能完全符合施工实际进展情况,真正起到指导施工的作用,必须使所列项目与施工方法相一致。

②划分施工项目的粗细程度一般要按施工定额的细目和子目来填列,这样既简明清晰,又便于查定额计算。

③施工项目在进度计划表内填写时,应按工程的施工排列(指横道图),而且应首先安排好主导工程。

④施工项目的划分一定要结合工程结构特点仔细分析填列,切不可漏填,以免影响进度计划的准确性。

工程进度计划的项目列好后,即可根据施工图纸及有关工程量计算规则,按照施工顺序的排列,分别计算各个施工过程的工程量。工程量的计量单位,应与相应定额的计量单位相一致。

(2)施工过程劳动量、生产周期、劳动力需要量及机械台班数量计算

所谓劳动量,就是施工过程的工程量与相应时间定额的乘积,或者是劳动力数量与生产周期的乘积、机械台数与生产周期的乘积,人工操作时叫劳动量,机械操作时叫作业量。

劳动量可按下式计算:

$$D = \frac{Q}{C} \tag{5-1}$$

或

$$D = QS \tag{5-2}$$

式中:D——劳动量、工日或台班;

Q——工程数量;

C——产量定额;

S——时间定额。

劳动量的计算单位,对于人工为工日,对于机械则为台班。计算劳动量时,应根据现行的相应定额(施工定额或预算定额)计算。

例如:某沥青混合料路面的细粒式沥青混合料铺筑工程,其工程量为5 000 m³,采用机械摊铺,沥青混合料拌和设备拌和能力为100t/h。试计算(施工图阶段)施工进度图中该项工程的劳动量。因属于施工图阶段,故应按《公路工程预算定额》(JTG/T B06-02—2007)计算,其计算步骤如下。

①查得其定额编号为(2-2-14)。

② 劳动量计算。

由预算定额(2-2-14)的序号 1 查得人工时间定额为 41.9 工日/1 000m³，则劳动量为：

$$D_r = \frac{5\ 000}{1\ 000} \times 41.9 = 209.5（工日）$$

③ 机械作业量计算

由上列定额表的序号 2～10 查得每 1 000m³ 的机械时间定额为：6～8t 光轮压路机 7.88 台班，12～15t 光轮压路机 5.91 台班，6m 以内沥青混合料摊铺机 4.0 台班，9～16t 轮胎式压路机 3.84 台班，则机械作业量计算如下。

6～8t 光轮压路机作业量：

$$D_A = \frac{5\ 000}{1\ 000} \times 7.88 = 39.4（台班）$$

12～15t 光轮压路机作业量：

$$D_B = \frac{5\ 000}{1\ 000} \times 5.91 = 29.6（台班）$$

6m 以内沥青混合料摊铺机作业量：

$$D_C = \frac{5\ 000}{1\ 000} \times 4.0 = 20.0（台班）$$

9～16t 轮胎式压路机作业量：

$$D_D = \frac{5\ 000}{1\ 000} \times 3.84 = 19.2（台班）$$

生产周期、劳动力数量和机械台数的计算，由于要求工期不同和施工条件的差异，其计算方法有以下两种。

① 以施工单位现有的人力、机械的实际生产能力以及工作面大小，来确定完成该劳动量所需要的持续时间（周期），一般可按下式计算：

$$t = \frac{D}{Rn} \tag{5-3}$$

式中：t——生产周期，持续天数(d)；

D——劳动量、工日或台班；

R——人数或机械台数；

n——生产工作班制数。

现仍以上例加以说明。

若路面施工队有工人 20 人，具有 6t 压路机 2 台，12t 压路机 1 台，6m 沥青混合料摊铺机 1 台，9t 轮胎式压路机 1 台，当一班制时，则生产周期计算如下。

对于人工来说，其生产周期为：

$$t_r = \frac{D_r}{R_r n} = \frac{209.5}{20 \times 1} = 10.5（d）$$

对于 6～8t 压路机来说：

$$t_A = \frac{D_A}{R_A n} = \frac{39.4}{2 \times 1} = 19.7（d）$$

对于 12~15t 压路机来说：

$$t_B = \frac{D_B}{R_B n} = \frac{29.6}{1 \times 1} = 29.6(d)$$

对于 6m 以内沥青混合料的摊铺机来说：

$$t_C = \frac{D_C}{R_C n} = \frac{20.0}{1 \times 1} = 20.0(d)$$

对于 9~16t 轮胎式压路机来说：

$$t_D = \frac{D_D}{R_D n} = \frac{19.2}{1 \times 1} = 19.2(d)$$

则 $t_B > t_r > t_A = t_C = t_D$，故 12~15t 的压路机为主导劳动量，即对生产起控制作用，是生产周期较长的劳动量。这样，本路面摊铺工程的生产周期应按 29.6d 控制。

②根据上级规定的工期来确定作业队（班组）人数或机械台数。

在某些情况下，可以根据上级规定的或后续工序需要的工期，来计算在一班制、两班制或三班制条件下，完成劳动量所需作业队的人数或机械台数，一般可按下式计算：

$$R = \frac{D}{tn} \tag{5-4}$$

现仍以上面例子来加以说明。

若该路面摊铺工程项目，上级要求 $T = 20d$ 完成，当一班制时，作业队所需人数和压路机台数，计算如下。

人数：

$$R_r = \frac{D_r}{Tn} = \frac{209.5}{20 \times 1} = 10.475(人)$$

6~8t 压路机：

$$R_A = \frac{D_A}{Tn} = \frac{39.4}{20 \times 1} = 1.970(台)$$

12~15t 压路机：

$$R_B = \frac{D_B}{Tn} = \frac{29.6}{20 \times 1} = 1.480(台)$$

6m 以内沥青混合料摊铺机：

$$R_C = \frac{D_C}{Tn} = \frac{20.0}{20 \times 1} = 1.000(台)$$

9~16t 压路机：

$$R_D = \frac{D_D}{Tn} = \frac{19.2}{20 \times 1} = 0.960(台)$$

当实行两班制时，计算如下。

人数：

$$R_r = \frac{D_r}{Tn} = \frac{209.5}{20 \times 2} = 5.238(人)（为每班人数，两班总人数仍为 10.475 人）$$

6~8t 压路机：

$$R_A = \frac{D_A}{Tn} = \frac{39.4}{20 \times 2} = 0.985(台)$$

12~15t 压路机：

$$R_B = \frac{D_B}{Tn} = \frac{29.6}{20 \times 2} = 0.740(台)$$

6m 以内沥青混合料摊铺机：

$$R_C = \frac{D_C}{Tn} = \frac{20.0}{20 \times 2} = 0.500(台)$$

9~16t 压路机：

$$R_D = \frac{D_D}{Tn} = \frac{19.2}{20 \times 2} = 0.480(台)$$

当编制计划说明时，应将小数进为整数。从上面计算情况来看，要想按规定工期完成生产任务，需要增加人力和机械台数或采用增加人力和工作班次等措施。

(3)横道图法编制工程进度计划

利用横道图法编制工程进度计划的步骤可归纳如下。

①划分工程项目，根据需要把工程划分成单位工程、分部分项工程或者直到具体的工作(序)，并按照各个项目实施的先后顺序列入图表的竖向栏目中。

②逐项计算各个项目的工程数量、劳动量或作业量。

③将能够利用的工期，即指令工期或合同工期，根据情况按年、月、日表示在横轴上。

④计算出完成各个单位工程、分部分项工程或具体工作(序)所需要的持续时间。

⑤在指令工期或合同工期内全部工程能够完成时，按照计算所得的各个项目的持续时间，在横轴上按比例逐一用横道线绘出。

如果按计算所得各个项目的持续时间安排将要超出指令工期或合同工期时，则应对各个项目的持续时间分别给予必要的压缩，这可通过增加劳动人数、机械台数，或改变施工组织方法来进行，以期在指令工期或合同工期内完工。

安排各个工程项目或工作(序)的方法。为了在工期内完成整个工程，应根据实际经验，将各个项目所需时间在总工期内进行分配，作出符合实际情况的进度计划。通常使用三种方法来进行这样的安排。

①顺行法：按照施工顺序，首先确定临时工程等最先开始的工作的开工日期，然后根据工程量计算出所需持续时间，这样就可定出最先开始的工作的完成日期。以下按照施工顺序用同样的方法定出各项工程项目或工作(序)的开始与完工日期。同时开始的工作则平行列入。

②逆算法：与顺行法相反，从完工之日开始，按同样的方法决定各个项目或工作(序)的开始和完成日期。

③重点法：按照季节、工程现场条件与工程要求，重点作出某些主体工程项目或工作(序)的开工和完成日期，将这些时间在全工期内固定起来，再将前后或平行的各个项目或工作(序)的开始和完成时间确定下来。

图 5-1 是一个用横道图法编制施工进度计划图的例子。在竖向栏内计入了各个工程项目或工作(序)的名称及工程数量，在横轴上按时间比例尺画上所能利用的工期。

项目	工程名称	工程数量	单位	工期 3月	4月	5月	6月	7月	8月	9月	10月
1	临时工程										
2	挖土方	15.700	m³								
3	土工布	13.300	m²								
4	砂垫层	7.000	m³								
5	路基工程	14.700	m³								
6	路面工程	24.100	m²								
7	中小桥	60	m								
8	涵洞	97	m								
9	防护工程	50	m								
10	交通工程										

图 5-1 横道图进度计划举例(——计划进度;------实际进度)

为了对工程进度情况进行控制和管理,在计划进度的下方还标出各个项目或工作(序)的实际进度(虚线所示)。根据各项工作(序)计划进度和实际进度的比较,就可以对进度计划进行必要的修改与调整。

2. 用进度曲线法编制工程进度计划

(1) 首先编制出横道式工程进度计划,其编制方法在上面已作了详细介绍。

(2) 在横道图的竖向栏目中增加各个工程项目或工作(序)占工程总费用百分比一列及工程累计完成率竖坐标,如图 5-2 所示。

项目	工程名称	工程数量	单位	工程费(万元)	工期 3月	4月	5月	6月	7月	8月	9月	10月	累计完成(%)
1	临时工程			3.4									100
2	挖土方	15.700	m³	3.8									90
3	土工布	13.300	m²	5.8									80
4	砂垫层	7.000	m³	6.0									70
5	路基工程	14.700	m³	15.6									60
6	路面工程	24.100	m²	24.0									50
7	中小桥	60	m	31.0									40
8	涵洞	97	m	6.3									30
9	防护工程	50	m	2.0									20
10	交通工程			2.1									10

图 5-2 工程进度曲线举例(——计划进度;------实际进度)

(3) 以工期为横轴,分别绘制各个项目或工作(序)的进度曲线。为了简化起见,各个项目或工作(序)的进度曲线可采用直线,即假设每日完成的工程费用相等。

(4)横轴以每月划分为一段(或以每5%~10%为一段),将各月(或各5%~10%)的各个项目或工作(序)完成的工程费累计起来,连接每个时段的数值就可得出整个工程的计划进度曲线。

图5-2就是某工程进度曲线的示例,其资料来自图5-1。根据实际工程进展情况,图5-2中还绘出了该工程的实际进度曲线(虚线所示),比较和对照计划进度曲线和实际进度曲线,就可以对整个工程的进度进行管理了。

3. 斜条图进度计划的编制

对于道路、隧道这样的线形工程,当施工方案确定之后,首先应划分施工项目,即把整个工程划分成单位工程或分部分项工程,这一点与横道图法相似。施工项目划分好以后,就可按下列步骤来编制用斜条图表示的工程进度计划。

(1)将施工项目以及项目的工程量按相应里程绘于图的上部或下部作为图表的横轴。

(2)根据工程的开竣工日期,将计划进度日历绘制在图表的左侧作为纵轴。

(3)列项计算各施工项目的劳动量、生产周期、劳动力及机械台数,这与横道图法中所介绍的计算相同。

(4)按计算出的生产周期,分别绘出不同符号的进度线,并按紧凑的原则,使各进度线相对移动到最佳位置,其具体绘制方法如下。

①小桥涵工程:根据每座小桥涵的施工期长短,从可能开工之日起,在各桥涵的位置上,用垂直直线画出施工期,并依次向流水方向移动,其垂直方向的全长即等于全部小桥涵施工期的总和。

②大、中桥工程:绘制方法与小桥涵相同,但上、下部工程最好用两种不同线条分别表示。

③路基工程:通常为几个施工作业组在指定的里程范围内同时开工,所以可用斜线段(用不同的线型)来表示时间和里程关系。为了保证路基施工不致中断,所有的斜线不能与桥涵线条相交,否则要相对移动线的位置,借以改变其开工日期。

④路面工程:路面一般为连续和等速施工,故进度应是一条斜直线(分段施工除外),线的垂直高度等于路面工程所需要的总工期。水平长度等于路面总里程。由于路基线起伏变化大,为了使路面不致与路基线相交(避免施工中断),应经过试排后再绘制。

(5)最后对斜条进度计划图进行调整,调整的要点是:

①力求各种线条靠近但不相交。
②检查总工期是否符合指令工期或合同工期。
③劳动力需要量力求均衡,避免高峰。
④补充图例和说明等,并加深线条。

有些较为详细的斜条式进度计划图,还将施工平面草图、劳动力等资源曲线绘制在斜条图中,使计划更为直观。

编制工程进度计划是一件十分细致而又复杂的工作,因此在编制前必须深入做好调查研究,充分估计可能发生的各种情况。安排工程进度时,应扣除法定节假日,估计雨季或其他原因需停工的时间,指令工期或合同工期与这些必要的停工时间之差,才是实际可作安排的施工作业时间。在确定各分部分项工程的进度时,还必须在机械设备、工程材料、劳动力及施工日期上保留一定的机动,以备出现意外时能够进行调整和补救。

以下是一个用斜条图法编制施工进度计划图的例子,本例讨论的重点是在利用斜条图法时,如何确定施工总体安排、工期、资源需要量的平衡等问题。

工程概况和特点

本工程是某国道的一段改建工程,改建路段全长为3.88km,工程详细情况如下:

(1) 路基宽度7.5m。路基土石方111 320m³,其中石方40 780m³,土方70 540m³。浆砌块石挡土墙955.2m³。

(2) 路面宽度6m,两侧各设宽度为0.75m的土路肩。路面面层为3cm厚的单层式沥青表面处治,基层为20cm厚的泥灰结碎石。

(3) 全线有中桥1座,为2孔净跨30m的石拱桥,桥长80.2延米;小桥3座,均为钢筋混凝土板桥,总长60.51延米;涵洞8座,长140.4延米,为钢筋混凝土盖板涵。

(4) 其他工程,如路基防护加固工程、附属工程、临时工程等,本例中没有考虑。

本工程根据合同要求,施工工期只有20个月。

选择施工方案和施工方法

(1) 施工方案

①整个工程的施工分别采用流水作业法。

②建立8个专业施工队:土石方一队、土石方二队、路基队、小型构造物队、小桥队、中桥队、路面基层队和路面面层队。

③施工作业方向从路线终点到起点。这是因为本例大部分工程都集中在线路的中路和后部,又无行车干扰。

(2) 施工方法

本工程规模小,地方劳动力多,因此各项工程首先考虑人工施工。但对集中土石方、桥梁工程等采用机械化或半机械化施工,各项工程的施工方法、工程量及定额工日数量见5-1。

施工方法、工程量及定额工日数量表 表5-1

编号	工程名称	土石类别或结构类型	施工方法	工程量 单位	工程量 数量	时间定额 单位	时间定额 定额值	需用工日数
1	集中土方	普通土	机械	m³	50 440	工日/1 000m³	5	252
2	集中石方	坚石	机械	m³	37 200	工日/100m³	27.6	10 267
3	沿线土方	普通土	机械	m³	20 100	工日/1 000m³	5	100
4	沿线石方	次坚石	人工	m³	3 580	工日/100m³	40.5	1 449.9
5	挡土墙	浆砌块石	人工	m³	955.2	工日/10m³	19.4	1 853
6	涵洞	钢筋混凝土盖板涵	人工	延米/座	140.4/8			3 950
7	小桥	钢筋混凝土板	人工为主	延米/座	60.51/3			8 085
8	中桥	石拱桥	人工为主	延米/座	80.2/1			18 190
9	路面基层	泥灰结碎石	机械	m²	25 220	工日/1 000m²	62.9	1 586
10	路面面层	沥青表面处治	半机械化	m²	23 280	工日/1 000m²	25.7	598
	合计							46 331

编制工程进度计划图

为了简明起见,本例只安排表 5-1 所列施工项目的具体施工进度,但在确定工期时,仍考虑施工准备工作和收尾工作的时间。

(1)划分施工项目

根据工程性质和施工方法的不同,划分为表 5-1 所示的 10 个主要施工项目。

(2)计算劳动量

由工程量和相应的时间定额,计算得到各个施工项目的劳动量,即所需用的工日数,见表 5-1。

(3)计算作业持续时间

建立 8 个专业施工队,各队人数见表 5-2,为实际出工的工人数。各施工队的作业持续时间,由各队人数除该队需完成的劳动量而获得,具体时间见表 5-2 所示。

各施工队作业时间表　　　　　　　　　　　　　表 5-2

编号	施工队名称	人数	投入劳动量(工日)		作业持续时间(d)	
			计算值	计划安排	计算值	计划安排
1	土石方一队	30	7 369	7 370	246	246
2	土石方二队	30	3 150	3 150	105	105
3	路基队	25	1 550	1 550	62	62
4	小型构造物队	20	5 803	5 800	290	290
5	小桥队	30	8 085	8 085	270	270
6	中桥队	80	18 190	18 190	227	240
7	路面基层队	55	1 586	1 580	29	30
8	路面面层队	25	598	600	24	25

(4)确定施工总期限

根据当地气象站的多年观测资料,该地区平均年降雨日数为 59d,最高年份达 78d。因此,每月的有效作业天数平均为 $(365-59)\div 12 = 25.5d$,最不利年份为 $(365-78)\div 12 = 23.9d$。除 52 个周末外,国家法定节假日为 11d,每月平均法定工作日为 $(365-104-11)\div 12 \approx 21d$。综合考虑以上情况,每月有效作业天数为 21d。

假设本工程的施工准备工作和收尾工作的时间各需 1.5 个月,正式施工时间为 17 个月,其有效作业天数为 $17\times 21 = 357d$。

综上所述,本工程的正式施工作业天数可控制在 357d,以便在合同规定的施工工期内完成任务。

(5)安排各施工项目的施工进度

影响本工程工期的重点工程是中桥和集中土石方。由于组织两个土石方专业施工队作业,因此,中桥工程就成为关键工程。为保证工程施工进度,首先安排中桥工程在第一个月开工,为争取时间,不影响路基路面的开工,决定小型构造和小桥工程也在第一个月开工,如图5-3所示。

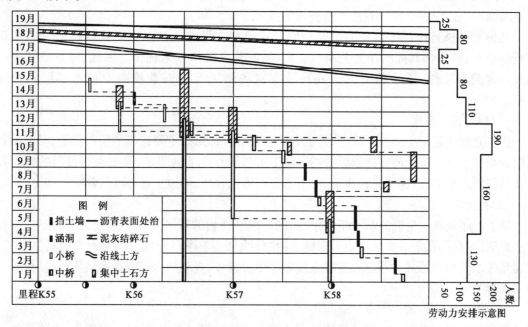

图5-3 工程进度计划图

在具体确定施工时间时,主要考虑了以下几点:
①遵守客观的施工顺序;
②同一地点需进行多项工程施工时应紧凑安排,以缩短工期;
③注意劳动力和各种资源需要量的均衡,本例中考虑了劳动力需要量的均衡;
④在规定的施工期限内完成全部施工作业;
⑤安排进度留有余地,便于执行时调整。

图5-3为按斜条图方法绘制的本工程主要施工项目的工程进度计划图。

(6)关于工程进度计划的说明

①每一施工队实际上分为若干小队或班组进行流水作业,如小桥队分为挖基坑、砌基础墩台、上部构造、桥面等班组。图5-3并未绘出各班组的流水作业情况,以便突出各施工队之间的相互关系。

②施工中一律按单班制进行安排(中桥拱圈的连续施工除外)。

③劳动力的均衡只考虑工人总数,未考虑工种。整个施工期间的平均劳动需求量为132人/d,最多时为190人/d,见图5-3。劳动力不均衡系数为1.44。

4. 网络图进度计划的编制

编制施工进度网络计划,有它自身的规律,其编制步骤一方面来自工程本身的客观要求,另一方面来自施工组织和管理过程的要求,按合理的步骤编制网络计划,就可以不走或少走弯路,能保证计划的质量。施工进度的网络计划可按下列步骤进行编制。

(1)调查研究

调查研究是编制网络计划的重要一步,目的是了解和分析工程结构特点及施工客观条件等,掌握编制网络计划的必要资料,并对计划执行中可能发生的问题作出合理的预测,保证计划在编制和执行中取得较好的技术经济效果。

凡编制和执行计划所涉及的情况和原始资料均在调查之列。对调查取得的资料应该进行综合分析,掌握其间的相互关系与联系,了解其发展的变化规律。因此,调查研究是一项比较复杂的工作,要求调查人员具有较丰富的施工经验以及较高的技术和组织管理水平。

(2) 确定施工方案

施工方案决定工程的施工顺序、施工方法、资源供应方式、主要指标的控制量等,又是编制网络计划的基础。编制网络计划既要符合施工工艺和技术上的要求,又要符合目前的施工技术和组织管理水平,以保证工程质量,有利于提高施工效率、缩短工期、降低成本。

(3) 划分施工工序

施工工序是施工生产的基本组成单位,也是网络计划的基本单元。划分工序的多少和程度的粗细,应根据计划的需要决定。在施工网络计划中,工序划分到分项工程或更具体一些,以满足施工的指导意义。划分工序时应按顺序列表编号,查对是否遗漏或者重复,以便分析工序的逻辑关系。

(4) 确定工序的持续时间

工序持续时间是网络计划计算的基础。工序持续时间可按式(5-3)计算确定,也可按施工经验估计确定。

(5) 编制网络计划初始方案

根据施工方案、划分的工序、工序之间的逻辑关系分析和工序持续时间,可编制网络计划的初始方案。其目的在于绘出一个可行网络图,供计算和调整使用,以便最终编制最优的网络计划。

(6) 时间参数计算

计算初始网络图的各种时间参数、整个计划的总工期,寻找关键工序和关键线路,并考察初始网络计划是否满足要求,以便对计划进行调整。

(7) 初始方案的调整与优化

首先分析初始方案的计划总工期是否超过规定要求,如果超过,应调整关键工序的作业时间,使总工期符合要求;其次对资源需要量进行分析,检查各种资源供应是否满足计划要求,如果不能满足要求,就应调整使计划切实可行;最后对成本和资源进行优化,以便制订出最优的施工计划。具体优化办法在第三章中已经介绍,此处不赘述。

(8) 绘制最优网络计划

网络计划调整与优化,即可得到一个令人满意的网络计划,并付诸实施。另外,还应编写简要的网络计划使用说明,并在施工现场执行网络计划中加强组织与管理工作,使它真正具有科学的组织施工和指导施工的意义。

对于大型复杂的公路工程施工进度网络图,如果手算,工作量很大,特别是超过了50道以上的工序,几乎不可能,尤其是计划发生变化时调整起来非常困难。因此,大型网络图的编制、计算必须采用电算。

下面以一座中桥工程为例,说明用网络图法编制施工进度计划的步骤。

工程概况

有一座三孔预应力混凝土简支板桥,如图 5-4 所示。该工程的组成部分包括:
(1)桥台 A 及 D(各由桥台基础及桥台本身两部分组成);
(2)桥墩 B(由基础及桥墩两部分组成);
(3)桥墩 C(由桩基、承台及桥墩三部分组成);
(4)上部结构(由Ⅰ、Ⅱ、Ⅲ孔预应力混凝土空心板组成)。
要求施工工期不超过 150d。
对于这样一个工程,我们可以按下述的步骤编制其网络计划。

编制工艺网络计划

对于本例中的桥梁工程,其施工顺序是土方开挖,做基础、桥台、桥墩,以及安装上部结构等。此外,由于桥墩 C 有桩基,因此还应穿插进行打桩这一工序。打桩工序可以在土方开挖以后进行,也可以在土方开挖之前进行,本例采用先开挖再打桩的方案。编制工艺网络计划的方法及步骤如下:
(1)首先画出各项活动的先后顺序关系的框图,如图 5-5 所示。
(2)对各项活动进行编号,并确定每项活动的持续时间,见表 5-3。

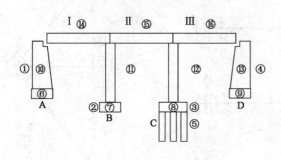

图 5-4　预应力混凝土简支板桥

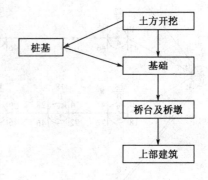

图 5-5　活动顺序关系框图

活动及其持续时间　　　　　　　　　　　　　　　　表 5-3

编号	活　动	持续时间 (工作日)	编号	活　动	持续时间 (工作日)
1	土方施工 A	8	9	基础 D	20
2	土方施工 B	4	10	桥台 A	32
3	土方施工 C	4	11	桥墩 B	16
4	土方施工 D	10	12	桥墩 C	16
5	打桩 C	24	13	桥台 D	40
6	基础 A	16	14	上部建筑Ⅰ	24
7	基础 B	8	15	上部建筑Ⅱ	24
8	承台 C	8	16	上部建筑Ⅲ	24

(3)确定施工工艺顺序,并编制工艺网络草图(图5-6)。

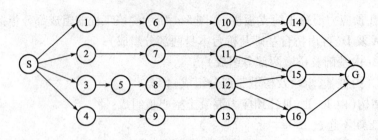

图5-6 工艺网络图

(4)进行网络图的时间参数计算。计算内容包括:各项活动的最早开始时间(ES_i)、最早结束时间(EF_i)、最迟开始时间(LS_i)、最迟结束时间(LF_i)、工作的总时差(TF_i)和局部时差(FF_i)。并将关键线路用双箭线示出(图5-7)。

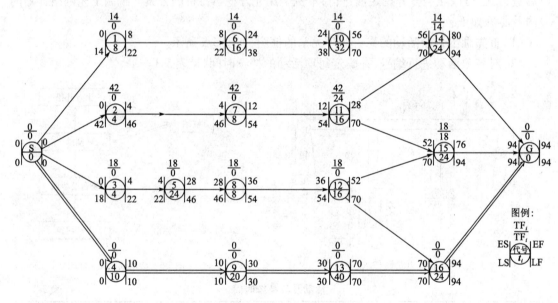

图 5-7

从所编制的工艺网络计划中可以看出:

①各桥台、桥墩完成后,即可相继进行上部桥面结构的安装。

②打桩工序不在关键线路上。

③这种安排方式的总工期为94d,小于规定的计划工期150d。

④采用这种组织方式时,同类活动基本上是平行施工,因此工期最短,但是所需要的施工资源数量也最大。因此,这种方案在要求工程集中力量,加快进度,而且资源不受限制时,才是一种可行的方案。

但在实际工程中,安排计划时,只从施工工艺与技术上来考虑往往是不够的,还应当进一步考虑资源的限制等实际条件,从而编制出符合实际需要的网络计划,也就是生产网络计划。

编制生产网络计划

(1) 确定施工顺序

各工序之间由于施工工艺及技术上的要求,应当保持一定的施工顺序,这个问题在编制工艺网络计划时已经解决了。因此,在编制生产网络计划时,要着重考虑的问题是如何合理安排工程的各个部位之间的先后顺序。例如对该三孔板桥来说,某一个活动(如挖土)其施工顺序可以先从桥台 A 开始,然后依次向 B、C、D 转移;也可以从 D 开始,依次按 C、B、A 的顺序施工;或者是从 B 开始,然后再做 A、C、D。

显然,按照不同的施工顺序安排施工,其总工期也将是不同的。因此,就要对施工顺序不同的各种方案都编制出相应的生产网络计划,再进行比较和优选。从理论上讲,每一座桥台、桥墩都可作为开始点,以后的顺序也各不相同,所以本例施工顺序方案可有 $P_4^4 = 4! = 24$ 种。通常根据经验先把显然不合理的方案舍弃,选择出一些可行的方案,然后分别进行生产网络计划的编制和方案比较。

在确定施工顺序的方案后,即可着手编制生产网络计划。

(2) 根据确定的施工顺序编制生产网络计划

如考虑采取先做 B,再做 A、C、D 的方案,则应先进行土方开挖工作 2,然后是土方开挖工作 1、3、4。在桥墩 B 的土方开挖完成后就可开始基础 7,然后是基础 6,但基础 6 完成后不能立即进行承台 8,因为桥墩 C 处还在打桩,只能先进行基础 9,等到打桩工作 5 完成后,再进行承台 8。完成基础、承台后,可按照工作 11、10、12、13 的顺序进行桥墩和桥台的施工。上部结构则按 14、15、16 的秩序进行。根据这种顺序关系编制出生产网络计划草图(图 5-8)。显然,这个生产网络计划草图是在工艺网络计划(图 5-6)的基础上(图中以单箭线表示)编制出来的(顺序关系用双箭线表示)。

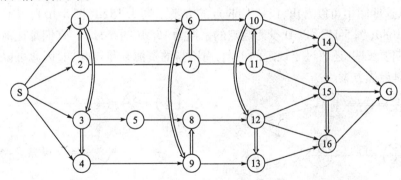

图 5-8 生产网络计划草图(以 B 为起点)

(3) 进行生产网络计划的时间参数计算并确定关键线路

按照生产网络计划草图绘制出该方案的生产网络计划(图 5-9),并进行计算。

从图中可以看出,采用从 B 开始的施工方案时,总工期为 140d,比按照工艺网络排出的工期 94d 要长,但是仍在规定的工期之内,而且最大资源需要量显著减少。

(4) 进行方案比较并编制最终的网络

用上述方法,同样可以编制出其他可行方案的生产网络计划,然后将这些方案加以比较,从中选出最优方案。选优时一般是以工期最短、资源装备数量最少或费用最小等指标作为衡

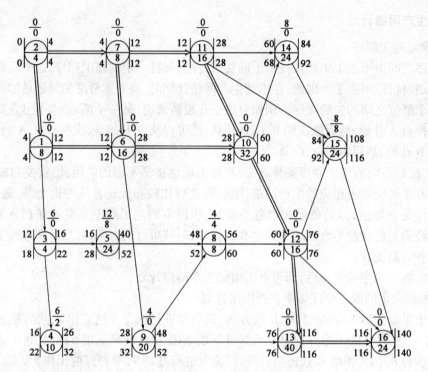

图 5-9 生产网络图(关键线路用双箭线表示)

量的标准。本例中只考虑在资源有限的条件下(即同一工种的工作,不得同时在一处以上部位施工)使工期最短。例如,除了上述以 B 为起点的方案外,还考虑了以 A 为起点、C 为起点和 D 为起点的三个方案,同样也可以得出这几个方案的生产网络计划(图 5-10、图 5-11、图 5-12)。从这些图中可以看出,以 A 为起点的方案工期为 152d(图 5-10),以 C 点为起点的方案工期为 168d(图 5-11),以 D 点为起点的工期为 158d(图 5-12)。它们都比前述以 B 为起点的方案工期要长些,还超过了规定的工期,而所需的资源数量却相同,因此可以认为以 B 为起点的方案是最优方案。

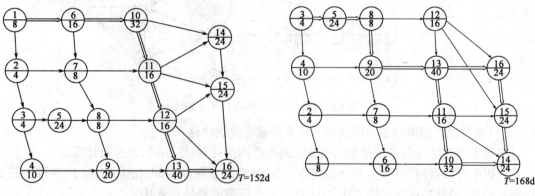

图 5-10 以 A 点为起点的进度图   图 5-11 以 C 点为起点的进度图

最后,将已选定的最优施工顺序方案编制成最终的网络计划。在画出了网络计划以后,我们还应检查此方案是否满足工期的要求。本方案要求的工期是 150d,现在只需 140d,故满足要求。同时还应检查挖土机、基础施工队及桥墩施工队等是否符合资源限额;如这些都满足,生产网络计划的编制工作即告结束。

上面所述,是编制网络计划的一个比较完整的程序和步骤,它为我们提供了一个了解网络计划编制全貌的参考示例。但是,在实际编制网络计划时,并不一定需要完全按照上述步骤进行。对于较熟练和有经验的施工组织设计人员,也可以将编制步骤合并一起来考虑。

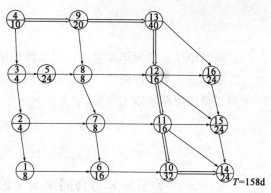

图 5-12 以 D 点为起点的进度图

二、进度计划评审实例

监理工程师在接到承包人提交的工程进度计划之后,应按进度计划的审查步骤,对其计划内容逐项审批。审批过程中,监理工程师还应把握好审批计划的权限。以下给出几份施工计划的审查格式,以供参考。

关于××段×合同施工计划的审查意见

审查日期:×××年3月17日

审查组成员:(略)

审 查 意 见

1. 审查时仅收到施工单位总体进度计划图(进度计划横道图与进度曲线 S 图)和施工分项横道图。

2. 进度计划是按延期两年编制的(原合同工期××××年12月竣工,现计划于××××年12月竣工),施工单位解释计划延期是由于下列问题没有得到解决而造成的:

(1)农民供土无法控制(即供土质量与供土时间)。

(2)征地拆迁(受农民干扰及河道管理部门干涉)。

(3)资金周转困难,原因是:

——变更设计未解决,致使工程得不到支付(如软土处理与涵洞)。

——材料涨价。

(4)材料供应与铁路运输困难。

(5)设计图纸延误。

3. 审查时未批准施工单位以上计划,施工单位同意重新提交新的进度计划,并说明以上问题在合同规定的施工单位职责范围内无法解决。要求施工单位提交详细报告,对影响进度的问题予以说明。

4. 施工单位需提交

(1)经过详细计算的人工、材料、机械设备详细计划安排。

(2)关键线路网络图。

结 论

1. 施工单位延期两年的进度计划未得到批准；
2. 要求施工单位在调整计划中补充人、料、机详细计划安排和其他辅助资料，以便审查。

施工单位应结合以上意见，于××××年3月21日前提交新的调整计划。

×××× 年 3 月 17 日

关于××号合同×××段施工组织计划的审查意见

审查日期：××××年2月27日
审查组成员：(略)

审 查 意 见

1. 第三经理部路面工程进度安排过于紧张。计划××××年底，即在合同期内提前6个月完成全部工程是不现实的，建议施工单位：
   (1) 重新考虑计划安排的竣工日期；
   (2) 提交一份详细的路面施工计划，并且对所需人、料、机数量附详细计算说明。
2. 第一经理部路面开工较早，建议施工单位充分考虑路面开工前需做的许多施工准备工作，把计划订得更加切合实际。
3. 汇总的关键线路网络图中有些项目的开工、竣工日期与各子网络图的开工、竣工日期不符，请重新予以检查修正。
4. 汇总的进度计划工程数量清单与各分段进度计划中的工程数量之和不符。
5. 需补做桥梁工程详细分部施工计划横道图。
6. 各段需补做反映时间—桩号的路面各层及结构物施工流程图(即斜条图)。
7. 各段需提交一份机械设备所需数量的详细计算说明。
8. 对所做计划，施工单位和高级驻地监理工程师需签注计划调整与批准日期。

结 论

1. 除路面施工计划安排较紧外，施工单位所做其他的施工计划是比较可行的。
2. 由于要求施工单位补做桥梁工程详细施工计划和反应时间—桩号的路面各层及构造物施工流程图，可能导致对所做进度计划重新予以调整。
3. 整个人、料、机计划安排基本上是合理的，但仍应通过详细计算，进行必要的调整。

以上审查意见，请施工单位认真考虑，在3月15日前提交新的调整计划。

×××× 年 3 月 1 日

关于××号合同×××段施工组织计划的审查意见

审查日期:××××年3月4日
审查组成员:(略)

审 查 意 见

1. 施工进度计划应反映从工程实际开工之日至竣工期的全部计划安排。
2. 施工组织计划的所有文件必须用中、英文写成。
3. 承包人和高级驻地监理工程师需签注计划的调整与批准日期。
4. 路面试验段各层施工计划安排较紧。
5. 沥青路面开工日期过早。考虑拌和设备目前尚未安装调试,配合比设计尚未进行,建议路面工程向后推迟一个月,即安排在5月份开工为宜。
6. 机械设备所需数量计划安排是否充足,需附详细计算予以说明。
7. 需补做人工、材料、机械设备的详细计划安排图表,以便说明施工过程不同时间所需的具体数量。
8. 对桥梁工程需逐个做出详细分部施工计划安排。
9. 需补做关键线路网络图。
10. 要求承包人提交一份简单的文字报告,说明影响施工进度因素和可能产生的结果(如房屋建筑设计图纸延误),此报告应连同进度计划一起呈报。

结 论

1. 除路面工程开工过早外,工程进度计划安排基本上是合理的。
2. 希望承包人按上述审查意见补充有关计划图表,进一步完善施工组织计划。
3. 人工、材料和机械设备计划安排数量,需要提供一份详细的辅助计算说明。

根据以上所提建议,要求承包人在××××年3月15日前提交新的调整计划。

××××年3月5日

关于××段××合同施工计划的审查意见

审查日期:××××年3月16日
审查组成员:(略)

审 查 意 见

1. 审查时承包人提交了如下文件:
——××××年和××××年计划完成工程数量和合同数量;
——××××年和××××年分项工程计划横道图;

——××××年和××××年施工计划S曲线图及月计划完成合同数量;
——××××年和××××年人工计划安排表;
——××××年和××××年材料供应计划表;
——××××年和××××年机械设备计划安排表。

2.承包人需提交一份报告,对以下影响计划进度的几个因素予以说明:
——路改桥变更设计;
——全桥方案批准日期;
——征地拆迁及解决临道路等问题;
——解决流动资金问题;
——变更令下达及变更图纸提供日期(B_2桥)。

3.承包人提交的总体进度计划图(计划横道图和施工进度S曲线图)应说明全部计划工期的进度安排。

4.全部工程进度计划图表必须经过承包人和监理工程师签认,同时注明计划的修正和批准日期。

5.人工、机械设备的计划安排应建立在详细的计算基础之上。承包人应向驻地监理工程师提交详细计算书,作为批准工程进度计划的依据。

6.承包人应补做一份关键线路网络图。

7.承包人对计划与控制非常重视,已安排专人负责此项工作。

结 论

1.根据承包人去年工程进展情况,施工进度计划安排是切合实际的(去年未完成施工计划并非全是承包人的责任)。

2.审查意见2中所提问题的解决与否是××合同完成计划的关键。

承包人应充分考虑以上意见,在××××年3月25日前提交新的调整计划。

××××年3月18日

关于××号合同施工计划的审查意见

审查日期:××××年3月18日

审查组成员:(略)

审 查 意 见

1.承包人所做进度计划是按合同工期推迟4~5个月编制的,但时间延期未得到任何批准。

2.需提交全部中、英文进度计划文件。

3.承包人需补充一份报告,对编制计划时不可预知的几方面问题予以说明:
——路堤土方的完成,承包人无法控制。

——恢复支付时间及其他有关财务问题。
——变更设计图纸提供时间问题。
——主要机械设备到货日期。

4. 前一年年底已完成21%的工程量,并未全部支付,但承包人和监理工程师重新核对,一致同意这一数字,进度计划中应予以说明。

5. 路面计划开工日期过早,比较切合实际的最早开工日期应是:
——5月份底基层第二层开始施工(承包人预计4月份2台拌和设备可以到场,第3台拌和机何时到场不可预知)。
——6月份基层开始施工。
——8月份沥青底面层开始施工。1台拌和机(拌和能力120t/h)已到场,安装调试3个月,试用1个月,另1台拌和设备何时到场不详。

承包人应根据路面施工所需人、料、机数量,补做一份详细的路面施工计划安排。

6. 要求承包人:
——根据工程进展情况,补做机械设备、人力、材料的详细计划安排。
——补做反映路面层和结构施工桩号、时间安排的工序流程图。
——补做桥梁工程和互通立交施工的详细分部进度计划图表。
——补做关键线路网络图。

7. 应注明进度计划的修正、批准日期,并附有关人员的签字。

8. 承包人应安排1名工程师专门负责计划工作。

结　　论

1. 除路面开工日期安排过早外,进度计划施工安排较紧,但完成还是可能的。

2. 为了能更准确地评估承包人所做进度计划,要求承包人必须补充更详细的有关图表和计算资料。

承包人应根据以上意见,在××××年3月25日前提交新的全套施工进度计划。

××××年3月19日

小　　结

本章主要介绍了进度计划编制要求、原则,进度计划的阶段划分和主要内容,以及监理工程师在接到承包人提交的进度计划之后,审批计划的步骤、内容和权限,并通过实例分别说明了横道图、工程进度曲线、斜条图和网络计划技术(关键线路法)编制进度计划的步骤,最后介绍了几个施工计划的审查格式。

思　考　题

1. 简述编制进度计划的依据。

2. 简述编制进度计划应把握的原则。
3. 进度计划的基本内容有哪些?
4. 简述总进度计划的内容及编制方法。
5. 简述年度施工进度计划的作用和内容。
6. 编制年度计划时应注意处理好哪些关系?
7. 简述月进度计划的作用、反映的主要内容。
8. 什么是单项工程进度计划,它与总进度计划的关系如何?
9. 简述审查进度计划的步骤。
10. 简述监理工程师审核进度计划的内容。
11. 监理工程师审批计划的权限有哪些?
12. 简述横道图法编制工程进度计划的步骤。
13. 简述进度曲线法编制工程进度计划的步骤。
14. 简述斜条图法编制工程进度计划的步骤。
15. 简述网络图编制进度计划的步骤。

第六章 进度监理与延误处理

施工进度计划在执行的过程中,总希望能按计划如期进行,直到工程按时完成,但实际上,计划是不可能没有变动地被执行并完成。因此,随着工程的进展应将实际进度与计划进度进行比较,以检查工程是否在按计划进行着。

第一节 进度监理与进度检查

一、工程进度控制概念

1.进度控制概念

进度控制是指在既定的工期内,由承包人编制出合理的工程施工进度计划,报经监理工程师审批后,承包人按计划进行施工。在施工过程中,经常检查施工实际进度并将其与计划进度相比较。若出现偏差,应分析产生偏差的原因和对工程工期的影响程度,采取一定的措施并要求承包人加强进度管理,调整后续进度计划或考虑给予延长工期(延期)。不断地如此循环,直到工程竣工。

进度控制与质量和费用控制一样是工程施工监理的重点之一。监理工程师在进行进度控制时,要知道进度计划的不变是相对的,而进度计划的变化是绝对的;平衡是相对的,不平衡是绝对的;实际进度与计划进度完全一致几乎不可能。作为监理人员在施工监理过程中应分清主次,即密切关注关键工作,避免造成工作盲目和被动;多观察,多记录,尽快发现影响进度的不利因素,及时采取措施和对策,或敦促承包人调整后续进度计划,使进度符合目标要求。

2.进度控制的系统原理

(1)施工进度计划系统

为了确保工程进度目标实现,承包人要编制一套围绕工程进度总目标的计划体系。总体进度计划,单项(位)工程进度计划,年度计划,季度、月份生产计划,以及与这些进度计划相适应的资源供应计划(或需求计划)、资金需求计划、各项生产任务完成报告。监理工程师应做好这些计划的审批。详见第五章有关计划编制和审批的内容。

(2)施工进度计划的实施保证程序

施工进度计划的实施保证,从内容上可概括为组织保证、技术保证、合同保证、经济保证。从工程项目建设的参与方来分,有承包人、监理工程师和业主。在施工监理过程中,对于监理工程师来说,主要是要抓承包人和监理保证系统的落实。

①落实承包人的进度计划实施程序

承包人的项目经理部是进度计划实施的重要保证,是保证系统的组织保证。从项目经理到项目经理部的各职能部门,为确保工程进度目标,要齐心协力,各尽其职,加强内部管理,尤其应注重人、机、料三大要素的优化配置与协调工作。项目经理应将整个工程逐项分解,由粗到细,最后形成月生产计划和周工作计划下达并上报监理工程师,以便实施和监督。对工程进度的控制应派专人记录进度的实际情况,收集反映进度的数据,统计整理汇总实际进度的数据(开、完工时间,完成的工程数量等),形成实际进度报表,并将其与计划进度进行比较和分析,以利于后续工程施工。不同层次人员有不同的进度控制职责,做到分工协作,共同组成一个纵横连接的承包人进度控制保证系统。

②监理单位的进度计划实施保证程序

监理单位应加强内部管理,提高人员的素质。从项目总监理工程师到合同段驻地监理工程师以及监理机构是整个施工监理的组织保证,也是施工监理进度计划实施程序的组织保证。这些人员应负责审批项目或合同段工程进度计划。审批程序和内容参见第五章。监理单位不仅要加强组织保证,还要加强技术保证、合同保证和经济保证。监理人员应提高自身的监理业务水平,在严格监理的同时,又能热情服务,这才符合中国特色的施工监理要求;尤其在不良地区和不良气候条件下,监理人员应具有现场处理应急事件的能力,想承包人所想,急承包人所急,及时和果断处理好现场中发生的问题,使工程的进度不受较大影响。例如,对基础和结构物下部等部位,如不及时处理,一旦下雨就直接影响工程进度。合同保证方面,应加强对承包人分包工程的管理,分包工程与承包人主承包工程的衔接也直接影响工程进度。经济保证方面,应及时验收计量和签认支付,资金是影响整个工程进度中最重要的因素之一,尤其重要。

二、施工监理的进度记录

监理工程师在批准工程进度计划后,应立即着手制订有关进度控制整套报表记录和有关规定。为保证工程进度计划的正常实施,监理工程师应配备专门人员对承包人的工程进度进行监理并要求相关监理人员随时收集和记录影响工程进度的有关资料和事项,随时掌握承包人工程施工过程中存在的问题,并及时向监理工程师汇报,以便及时协调和解决影响进度的各种矛盾和不利因素。

1. 影响施工进度的相关内容

(1)实际到达现场的施工机械数量、型号、日期,并与计划相比看其是否一致;

(2)承包人的专业人员和职员到达现场的情况;

(3)当地劳务、材料是否已按时解决;

(4)业主提供现场、通道的时间对工程施工有无影响;

(5)各分项工程开工、完工时间,进展情况;

(6)施工机械运转的实际效率如何,是否满足计划指标;

(7)延误的情况和原因;

(8)有关进度的口头或书面指令的情况;

(9)与修订进度计划有直接关系的资料;

(10)施工现场发生的与进度有关的其他事件。

2.每日进度检查记录

专业监理工程师应要求承包人按单位工程、分项工程或工点对实际进度进行记录,并予以检查,作为掌握工程进度和进行决策的依据。每日进度检查记录应包括以下内容:

(1)当日实际完成以及累计完成的工程量;

(2)当日实际参加施工的人力、机械数量及生产效率;

(3)当日施工停滞的人力、机械数量及其原因;

(4)当日承包人的主管及技术人员到达现场的情况;

(5)当日发生的影响工程进度的特殊事件或原因;

(6)当日的天气情况等。

三、工程施工中的进度检查

1.进度检查中涉及的有关概念

(1)延误(Delay)

延误是指施工中实际进度与计划进度相比较的拖延或耽误,即进度偏差的不利一面。在工程施工过程中我们所谈及延误时,往往是指某些正在施工或者已经完成的工作(分项工程)的延误,在网络计划中一般是与计划的最早时间相比较的拖延。所以在没有限定词时的延误一般是泛指工作拖延或耽误,也可以是局部某一分项、分部、单位工程的拖延,而不是指整个工程项目或合同段拖延。

(2)工期(Project Duration)

工期原来是泛指完成一件事情所需的时间。事情可大可小,小到一个工作(或工序),大到一个工程项目或合同段。因此,以前人们常将工作所需的时间称为工期(Duration),工程项目所需的时间有时也称为工期,一般情况下为了区别而称为总工期。但是目前工程界的习惯是将工作所需的时间称为工作持续时间,而将工程项目或合同段施工所需时间称为工期(Project Duration)。可参见《网络计划技术常用术语》(GB/T 13400.1—92)。因此,本章节内容为避免工期一词带来的混乱,在谈及工期时都表示工程项目或合同段所需的时间,即过去习惯的总工期。

(3)工期拖延即延误工期(Fail to comply with the Time for Completion)

延误工期(或工期拖延)是指工程项目所需的时间超过计划或合同规定的竣工时间。简称为误期或拖期。误期或拖期是业主、监理、承包人都不愿意发生的事件,进度控制的目标就是尽量避免误期的发生。因此,误期这个词并不涉及造成误期的原因与责任。在FIDIC合同条件中,既有承包人原因造成误期的处理条款,也有非承包人原因造成误期的处理条款。如果给误期一词加上是承包人原因造成,就会使得用词表达时很不方便,例如,在进度检查时,我们需分析工期的影响,常常提到"将要造成延误工期"或"将要造成工期拖延"。因此,"工期拖延"或"延误工期"只是中性词,无责任的含义,将责任生拉硬套到该词中只会造成表达的困难。

2. 网络计划的下达方式

公路工程项目进度计划编制好以后,就需要将计划下达给有关管理人员和直接执行者。计划的下达方式有多种多样,可以直接将网络计划下达执行,也可以采用两种较为直观简明的方式下达,即采用时间坐标网络计划方式和新横道图方式。

(1) 时间坐标网络计划方式

有关时标网络的概念在第二章第三节作了详细的介绍。需要说明的是,作为工程计划的时标网络除标画时间坐标外,还应注明相应的日历时间,也就是说,为了执行计划,还需要将网络计划的计算时间换算成日历时间。当一项进度计划给定了开始时间的日历时间后,那么就可以将计划中的各种时间参数换算成日历时间。

在确定日历时间时必须明确计算时间的物理意义:

① 所有工作都在下一天开始时开始;

② 所有工作都在当天结束时结束。

(2) 新横道图方式

所谓新横道图是相对传统的横道图而言的,新横道图是依据网络计划编制的,实际上它是一种分解了的网络计划图。它不但表示了工作的持续时间,还反映了工作的机动时间和工作之间的关系,如图6-1所示。

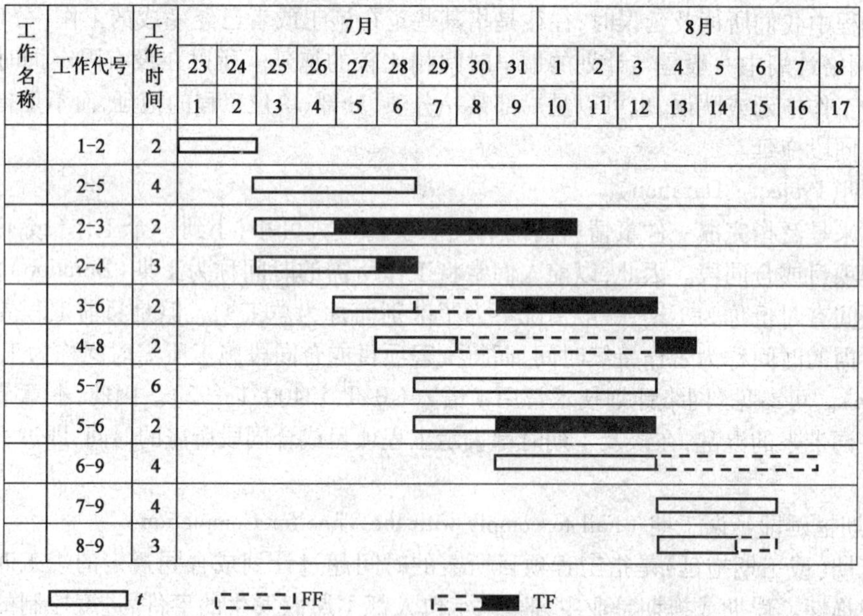

工作名称	工作代号	工作时间	7月									8月							
			23	24	25	26	27	28	29	30	31	1	2	3	4	5	6	7	8
			1	2	3	4	5	6	7	8	9	10	11	12	13	14	15	16	17
	1-2	2																		
	2-5	4																		
	2-3	2																		
	2-4	3																		
	3-6	2																		
	4-8	2																		
	5-7	6																		
	5-6	2																		
	6-9	4																		
	7-9	4																		
	8-9	3																		

□——□ t   ⌐----┐ FF   ⌐──■ TF

图6-1 网路计划的新横道图方式

在当前网络计划方法还不十分普及的情况下,作为一种进度计划的下达方式,新横道图具有很大的实用性。从这里介绍的两种计划下达方式可知,一般工作管理人员和具体操作人员事实上不用接触具体的网络计划的制订、优化和调整工作,只要了解一下时标网络计划和新横道图的表达意义,就完全可以看懂并执行计划。

3. 进度检查的方法

进度检查就是将实际进度与计划进度作对比,找出偏差。偏差不外乎有三种可能,即实际与计划相比的提前、按时(正常)或拖延(延误)。在进度检查时所谈及的偏差往往是针对正在检查的内容即工作(或分项工程)。因此,还应分析这些偏差对工程项目或合同段工期有何影响,即工程总体进度状况发展的趋势。

(1) 横道图法与 S 曲线法(工程进度表)

工程进度表是反映每个月工程实际进度与计划进度的图表。它是横道图与 S 曲线的结合。图表中,用横道图反映每月相应各分项的计划量与实际量以及开、完工时间,用 S 曲线表示本月整个工程量实际值(实线表示)与计划值(虚线表示)的累加值对比。横道图中横线下方数值为计划完成量百分数(或累加百分数),上方为实际完成量百分数(或累加百分数)。参见图 6-2,图表中其他数据项的关系为:

$$单项占合同价 \% = \frac{单个细目合同金额(元)}{合同总价} \times 100\%$$

$$单项完成 \% = \frac{单(分)项的累加完成量(元)}{单(分)项合同数量(元)} \times 100\%$$

$$= 横道图中各月实际量百分数的累加$$

$$完成占合同价 \% = \frac{单(分)项的累加完成量(元)}{合同总价} \times 100\%$$

工程进度表实现了横道图法与 S 曲线法的优势互补,取长补短,克服了横道图不便反映工程整体进度的弱点和 S 曲线无法反映各分项工程进度的弱点。所以工程进度表是进度控制的重要形式。从工程进度表中了解到工程进度的总体状况和各分项工程的情况;但对于工程进度中的具体问题,发生在哪些桩号段落还得借助于细节横道图或网络计划图;特别是在处理是否给予延期问题时,用网络图最方便。

(2) 网络计划进度检查的计算方法

① 网络图中工作的延误

前面已阐述了延误的概念,在检查时一般是指工作的实际时间与计划时间相比的拖延或耽误。在网络计划中,计划时间有最早和最迟两种,所以严格地说,在网络计划中延误都是工作的实际时间与计划最早时间相比的拖延或耽误。这点对正确理解网络计划的进度检查尤为重要。

对以上延误的理解,可能有些人怀疑它的合理性,认为应该是与计划最迟时间相比的拖延或耽误,事实上这是对时间参数的误解。我们可以从习惯的一句话中得到正确理解。例如,我们常说:"关键线路上任何工作(即关键工作)有延误,则一定会造成工期的拖延或增长,非关键工作的延误只要不超过其总时差就不会造成总工期的拖延或增长"。这句话说明延误是相对于最早时间相比而不是最迟时间,否则就成为不论关键与否任何延误都将造成工期拖延或增长。再比如,有一个工作(或工序),工作最早开始时间 $ES=12$,工作持续时间 $t=6d$,工作最早结束时间 $EF=18$,而工作最迟结束时间 $LF=21$,如果实际开工为 12 即按时开工,而实际工作持续时间用 8d 才完成该工作,我们习惯是认为该工作延误 2d(拖延 2d),这也说明 $12+8=20$ 减去 $EF=18$ 得 2 是与最早时间相比,否则,要是与最迟时间相比,对这种情况却要认为是

京津塘高速公路第×号合同段工程进度表（第二次修改后）　　截至1990年5月期末

交通部：公路局 世界银行贷款档号 由　　至 承包人：	中国公路工程 国际开发售货档号 全长：34.5km 监理机构	合同开工日期： 合同完成日期： 修订合同完成日期：1990.7.18	合同工期：30月 延长工期：25d	合同总价：148 430 399元 增加的工程费用：25 475 300 增加的成本 估计最终价格：173 905 698	工程变更 减少的工程费用

清单号	名称	合同数量	单项占合同价（%）	单项完成（%）	完成占合同价（%）
100	总则	9 218 805元	6.21		
	准备	1 409 614元	0.95		
200 土方工程	填筑土方	2 061 764m²	11.45		
	填筑选料	52 769m²	1.24		
	结构挖方	92 403m²	0.29		
	路基	991 754m²	0.37		
	其他	594 417元	0.4		
300 排水	涵洞	134座	2.78		
	排水沟渠等	3 027 982	2.08		
400 路面	底基层	903 220m²	4.87		
	基层	926 814m²	10.06		
	底面层	787 521m²	11.76		
	中面层	775 231m²	5.75		
	表面层	637 985m²	6.48		
	其他	3 190 001元	2.15		
500	钻孔桩	13 368m	3.67		
600~900 桥梁	高速公路桥	535.82m/10座	3.60		
	跨线桥	646.82m/10座	4.14		
	通道	840.78m/26座	3.11		
1000	道路附属物	10 366 493元	6.98		
1100	绿化	1680 105元	1.13		
1200	机电设备	6 860 918元	4.62		
1300	建筑物	7座	5.18		
1400	计日工	603 922元	0.41		
总计		148 430 399元	100.00		

按月计划与实际完成（%）

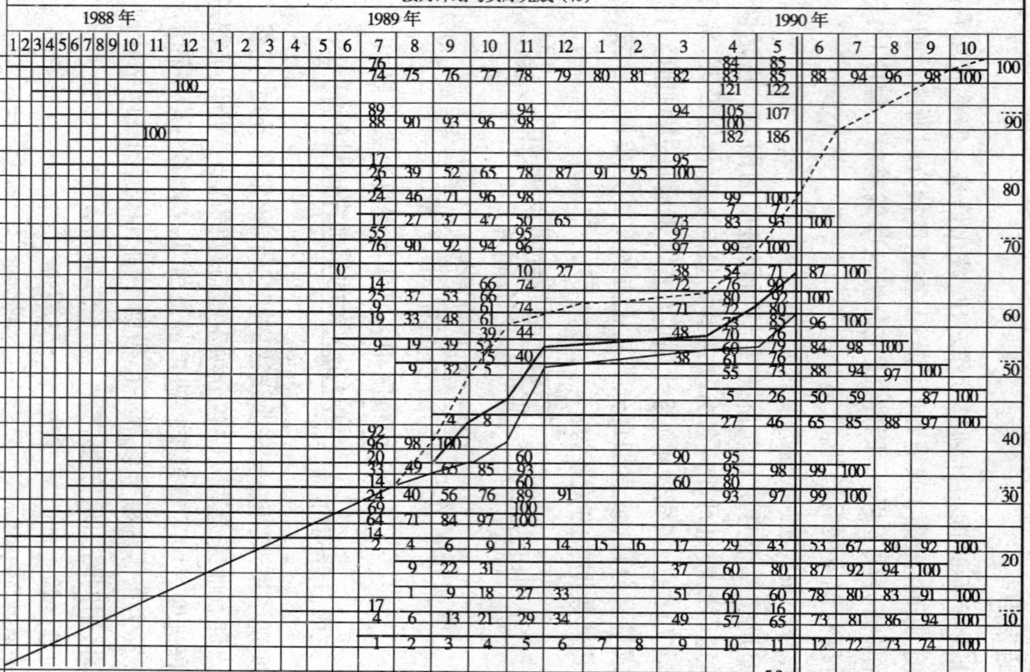

截止日期			图例	1989.7	8	9	10	11	12	1990.1	2	3	4	5	6	7	8	9	10
实际	月计	%	——— 粗实线实际完成量	1.8	3.3	2.6	4.5	10.5					(4.7)	5.3 (5.1)					
	累计	%	——— 细实线实际支付	28.1	31.4	34.0	38.5	49.0				(54.9)	52.4 (60.3)	57.7 (65.4)					
预计	月计	%		5.1	6.5	9.5	9.0	2.7	1.1	0.7	0.7	1.0	6.6	9.6	8.6	4.6	1.8	4.2	2.2
	累计	%	-------- 虚线计划完成支付	31.2	37.7	47.2	56.2	58.9	60.0	60.7	61.4	62.4	69.0	78.6	87.2	91.8	93.6	97.8	100

制表：　　高级驻地监理工程师：　　总监理工程师（代表）：　　业主财务负责人：

图6-2　工程进度表

提前1d完成工作,岂不荒唐了。所以在网络图中进行进度比较时延误是与计划最早时间相比的拖延,对延误含义的正确理解有助于我们进度检查。

②延误工期(工期拖延)

即前面提到工程项目工期的拖延或耽误,简称为误期或拖期。在网络计划中就是各工作的实际时间与计划最迟时间相比的拖延或耽误的综合影响,也等于工作延误值与其总时差的最大值。这是网络计划图的最显著优点,使计划管理人员能从局部的工作预计未来的工程全局。

在网络计划图中进行进度检查能做到一举两得,检查时,工作实际进度情况与计划最早时间相比可了解到本身工作的进度状况,也可了解到后续工作可能受到的影响;同时与计划最迟时间相比可了解对工程项目工期的影响。用网络计划图进行进度检查,既全面又简单、快捷,真正做到了局部和全局都一目了然。

(3)双代号时标网络图的进度检查(前锋线法)

双代号时标网络图一般采用最早时间形式绘制。最早时标图很直观地表示工程各工作的最早开、完工时间和各工作的局部时差(自由时差),但各工作的总时差必须通过局部时差(自由时差)反向逐个计算或从该工作往后看线路上各工作的局部时差(自由时差)之和的最小值来求得。

实际进度前锋线是网络计划技术中用时标网络图的形式动态反映工程实际进度,是工程施工动态管理的科学方法。实际进度前锋线形象地表示出某个时刻工程实际进度所到达的"前锋",反映出工程实际执行状态以及与其计划的目标差(即偏差)。通过对前锋线形态变化的分析,发现计划执行中的问题,预测未来的进度状况和发展趋势。为计划的管理者以及监理工程师提供许多有用信息,揭示了解决问题的最佳途径,以指导管理者和监理工程师从实际出发有预见地采取有效措施,争取最佳经济效益。

①实际进度前锋线

实际进度前锋线是指计划实施过程中某一时刻正在施工的各工作实际进度到达的连线。它在时标网络图上,从检查时的时间线(或日期线)开始自上而下依次连接正在施工的各工作实际到达点,通常形成一条折线,见图6-3。检查日一般认定为当天晚上收工时。

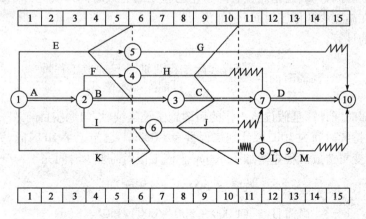

图 6-3

②实际进度前锋线的标定方法

绘制实际进度前锋线的关键是标定某时刻正施工的各工作的实际进度到达点。有以下两种标定方法。

a. 按已完成的实际工程量标定

当一项工作的工程确定后,其工作的持续时间与其工程量成正比,比值就是该工作的效率。以该工作的总工程量在计划持续时间内全部完成为假设前提,用已完成的实际工程量表示实际进度点。

$$\frac{已完成工程量}{总工程量} = \frac{已施工的标定时间}{计划工作持续时间} \tag{6-1}$$

标定时是从该工作的最早开始时间点起(即箭尾),从左向右画在相应位置上。例如,某土方工程(即工作),土方量为 $1\,000\,m^3$,计划持续时间为 10d,检查时已完成了 $600\,m^3$ 土方,则该工作实际进度前锋点应在该箭线实线部分的 3/5 处或 $3/5 \times 10 = 6d$ 处。

b. 按尚需时间来标定

在工程施工中,特别是公路工程施工,有些工作的持续时间难以用工程量来计算,只能根据经验或其他方法估算,所以无法获得已完成的工程量,只能凭经验估计尚需时间。另一方面,第一种标定方法没有考虑依照目前效率对本工作未完成部分进度的预测;用尚需时间表示就能反映出未完成部分的工作依照目前的实际效率施工的进度结果。尚需时间的标定方法是将计算或估算的尚需时间,从该工作最早结束时间点(即箭线中实线的末端)起,反向从右向左画在相应位置上。

当工作实际效率不等于计划效率,实际工程总量不等于计划总量时,尚需时间按下式计算。

目前的实际效率计算:

$$实际效率 = \frac{已完成的工程量}{已施工的有效时间} \tag{6-2}$$

已施工有效时间计算:是指到检查时为止已施工的有效时间即实际开工时间至检查时间再扣除该工作在施工中的停工时间(例如雨天)。

尚需时间的计算:

$$尚需时间 = \frac{预计实际工程总量 - 已完成工程量}{目前实际效率} \tag{6-3a}$$

这里的尚需时间计算是假设该工作的后续施工是连续、均匀地按目前效率进行。例如,某土方工程,计划持续时间为 10d,原计划工程量为 $1\,000\,m^3$,已施工了 4d 时间,完成了 $600\,m^3$ 工程量,由于工程变更造成工程量增加了 $800\,m^3$。该工作尚需多少时间完工?

$$效率 = 600/4 = 150\,m^3/d$$

$$尚需日 = (1\,000 + 800 - 600)/150 = 8(d)$$

如果后续施工过程中可能由于气候原因而停工时,尚需时间还应再加上停工时间。我们应注意到工程施工中的情况是复杂和多变的,这些方法只是相对准确,不可能也无必要绝对精确。

对于实际与计划的效率和工程量差异不大时,尚需时间也可按下式计算:

$$尚需时间 = 计划持续时间 - 已施工时间 \tag{6-3b}$$

在工程施工中监理人员需用前锋线进行进度检查,就必须要求承包人在提交的报告中有反映进度的上述数据,而监理人员也应注意这些进度数据的收集和记录,以及影响进度的其他数据。具体记录数据参见本节第二部分。具有了上述数据才能绘制出前锋线,才能对未来的施工进度作出预测。

③前锋线对工程进度描述的预测和评价

实际进度前锋线的功能之一就是对工程进度的描述。以检查时的日期线作为基线,若前锋线与工作的交点在日期线之前(右方),则表示该工作比计划提前;若交点正好在检查日期线上,则表示该工作与计划相比是按时的正常情况;若交点在日期线之后(左边),则表示该工作与计划相比延误。偏差值就是交点与日期线的差值。前锋线反映了正在施工的各工作实际进度与计划进度的偏差。处于前锋线波峰的工作比相邻的工作进度快,处于前锋线波谷的工作比相邻的工作进度慢,但不能认为波峰的工作一定是提前,波谷的工作一定是延误。波峰和波谷是相对于相邻工作而言,而提前和延误是相对检查日期线而言。

例如图6-3中,从第5天晚上检查情况分析,E工作延误2d,F工作延误1d,B工作按时,I工作按时,K工作提前1d。此时的进度发展趋势,虽然关键工作B是按时,进度正常,但E工作延误2d,扣除其1d总时差后E将造成工期拖延1d(2-1=1),即总工期拖延1d。工作的总时差在时标图中的计算参见时标网络图部分或按下列式子计算。

$$TF_{ij} = FF_{ij} + 后续线路中工作局部时差(自由时差)之和的最小值 \tag{6-4}$$

$$工作的误期值 = 工作的延误值 - 工作总时差 \tag{6-5}$$

$$工期影响 = \max\{工作误期值\} \begin{cases} < 0 & 工期提前 \\ = 0 & 按期 \\ > 0 & 延误工期 \end{cases} \tag{6-6}$$

根据前锋线提供的信息,就可以对后续的施工作出合理调整,加快引起误期的工作或其后续工作,即E或G工作。而对有较多机动时间的延误工作,如F工作,可暂不作处理。可抽调有较多机动时间工作的同类型资源支持关键的工作,此时的B工作已经不再是关键,而E工作却变成关键。

第10天晚上检查结果见图6-3,G工作延误1d,H工作延误2d,C工作延误1d,J工作延误3d,K工作延误1d。对工期有影响的有2个工作,C工作造成误期1d,J工作造成误期2d,所以综合影响造成工程工期将拖延2d。因此要加强对J工作的管理,分析延误原因,采取措施,尽快使工程达到进度目标。从上述例子中也反映出工程进度控制是一个动态过程,网络计划技术最适合于动态管理。

在计划实施过程中,我们不仅可通过前锋线预测工程项目的总进度目标的情况,还可按照一定的时间间隔对计划的执行情况进行检查,通过依次画出不同时刻的实际进度前锋线进行进度预测,例如图6-3中,①—⑤—⑩这条线路的工程在加快进度,①—②—⑥—⑦—⑩这条线路的进度过于缓慢。可以用进度比指标来衡量。

$$\text{进度比} = \frac{\text{线路上两前锋线的时间差}}{\text{日期线差}} \tag{6-7}$$

进度比值大表示进度快,比值小表示进度慢,比值为 1 是基准,说明不快也不慢。通过现在时刻和过去时刻两条前锋线的分析比较,则可反映出过去和现在计划的执行情况,在一定范围内对计划未来的进度和变化趋势作出预测。

(4)一般网络图(无时间坐标)的进度检查

用网络图来进行进度检查是进度控制中计划检查的最有效方法,也最简单。在检查时需记载实际进度情况,在网络图中有以下几种记录实际进度的方法。

①图上实际进度的记载

a.各工作实际持续时间的记载

例如,某工作计划持续时间为 4d,而实际持续时间为 5d。记载方法如图 6-4 所示。

b.各项工作实际开工和完工时间记载

例如,某工作实际于 8 月 1 日开始,于 8 月 5 日结束,记载方法如图 6-5 所示。

c.已完成工作的记载

若 5—6 工作已经完成,则可在⑤和⑥节点内涂上不同颜色或用斜线表示,如图 6-6 所示。

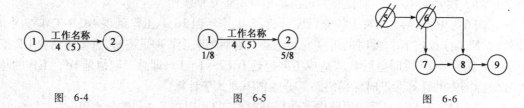

图 6-4　　　　　　　图 6-5　　　　　　　图 6-6

②一般网络图(无时间坐标)进度检查(割线计算法)

用一般网络图(无时间坐标)进行进度检查,可用割线将正施工的各工作切割到,通过计算,对这些工作的实际进度和计划进度进行比较和分析,找出进度偏差和工期影响程度,以及对后续工作的影响。

a.各工作延误的分析与计算

工作发生延误有两种可能性,一种是开工延误,另一种是工作持续时间增长。根据前面对延误含义的理解,有:

$$\text{开工延误} = \text{工作的实际开工} - \text{工作的计划最早开始(ES)} \tag{6-8}$$

$$\text{工作持续时间增长} = \text{工作实际持续时间} - \text{计划持续时间}(t) \tag{6-9}$$

$$\text{工作延误值} = \text{开工延误} + \text{工作持续时间增长}$$

$$= \text{工作实际结束时间} - \text{计划最早结束(EF)} \tag{6-10}$$

考虑到检查时某些工作正在施工,还未真正完工,将式(6-10)中的工作实际结束时间改为预计工作的实际结束时间,见式(6-11)。

$$\text{工作延误值} = \text{预计工作的实际结束时间} - \text{计划最早结束(EF)} \tag{6-11}$$

式(6-11)中的预计工作的实际结束时间为:

$$\text{预计工作的实际结束时间} = \text{检查日} + \text{尚需日} \tag{6-12}$$

检查日一般定为晚上收工的日期,如果是早晨检查则减 1d。尚需日可按时标网络图检查中的尚需日计算方法来计算或估算，见式（6-3）。

各工作进度偏差分析评价与判断：

$$\text{工期延误值} = \begin{cases} < 0 & \text{说明该工作提前} \\ = 0 & \text{说明该工作按时（正常）} \\ > 0 & \text{说明该工作延误（拖延）} \end{cases} \quad (6-13)$$

b. 各工作进度延误（偏差）对后续工作的影响

$$\text{工作延误值} - \text{工作局部时差（自由时差）} \begin{cases} \leq 0 & \text{后续工作不推迟开工} \\ > 0 & \text{后续工作要推迟开工} \end{cases} \quad (6-14)$$

我们只考虑延误是否对后续工作开工产生影响的问题。对于工作提前是否使后续工作能提前开工的问题较复杂，要分多种情况讨论，因学时有限在此不作讨论。

c. 工期的影响计算和分析

工期的影响应通过正在施工的各工作误期值的计算来分析。工作的误期值就是工作单独对（总）工期的影响。工期的影响则是在比较各个工作单独影响工期的误期值中，取其最大值就是工程项目或合同段的工期影响。

$$\text{工作的误期值} = \text{工作延误值} - \text{工作总时差} \quad (6-15)$$

将式(6-11)和总时差=LF - EF 代入上式可得：

$$\text{工作的误期值} = \text{预计工作的实际结束} - \text{计划最迟结束} \quad (6-16)$$

工期影响判断：

$$\max\{\text{工作的误期值}\} \begin{cases} < 0 & \text{说明总工期提前} \\ = 0 & \text{说明工程按期竣工} \\ > 0 & \text{说明总工期拖延} \end{cases} \quad (6-17)$$

d. 割线计算的步骤和示例

用式(6-3)先确定出各工作检查时的尚需完成日
用式(6-12)计算出各工作预计实际完成时间；
用式(6-11)计算各工作的延误值；
根据式(6-13)判断各工作延误情况；
用式(6-16)计算各工作的误期值；
根据式(6-17)判断工程工期的影响；
用式(6-14)对有延误的工作判断其后工作开工的影响。

③计算示例

例6-1，已知网络计划图如图6-7所示，第10天晚上进度检查G工作尚需5d, H、C、J、K工作的尚需日分别为1d、2d、3d、1d。在网络图中[ ]中的数值表示为尚需日。用割线计算法进行各工序的进度检查与评价，以及对后续工作的影响和工程总体进度的状况评价。

a. 评价各工作（工序）的进度状况（计算各工序的延误值并评价）

G 工序的延误 = 预计实际完成 - 计划最早完成
　　　　　　= (检查日+尚需日) - (箭尾节点最早时间 + 工序持续时间)
　　　　　　=(10 + 5) - (5 + 9) = 1 　　　　G 工序拖延1d

143

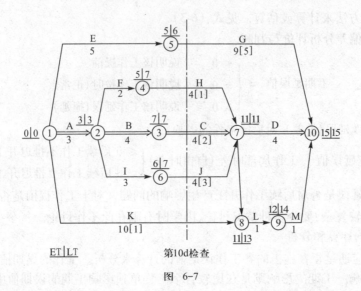

图 6-7

H 工序的延误=（10+1）-（5+4）=2　　　　　H 工序拖延2d
C 工序的延误=（10+2）-（7+4）=1　　　　　C 工序拖延1d
J 工序的延误=（10+3）-（6+4）=3　　　　　J 工序拖延3d
K 工序的延误=（10+1）-（0+10）=1　　　　K 工序拖延1d

b.评价工程的总体进度状况（即总工期有无拖延）
各工序的误期值计算(即工序造成的工期拖延量,图上只有节点时间参数,无时差)：
G 工序的误期值 = 预计实际完成-计划最早完成

$$=(检查日 + 尚需日) - 箭尾节点最迟时间$$

$$=(10 + 5) - 15 = 0$$

H 工序的误期值 =（10+1）-11= 0
C 工序的误期值 =（10+2）-11= 1
J 工序的误期值 =（10+3）-11= 2
K工序的误期值 =（10+1）-13= -2
工程工期(总工期)拖延的判断：

$$\max\{0,0,1,2,-2\} = 2$$

所以工程的工期将拖延 2d。
c.对各后续工作的影响
H工序对后续工作的影响 = 工作延误值-工作局部时差（自由时差）

　　　　　　　　　　　　=2 - 2 = 0　　　对后续工作没影响

C工序对后续工作的影响 =1 - 0=1　　　对后续工作有影响,推迟1d
J工序对后续工作的影响 =3 - 1=2　　　对后续工作有影响,推迟2d
K工序对后续工作的影响 =1 - 1=0　　　对后续工作没影响
也可列表计算,表6-1中第(4)列的数值(EF_{ij})=各工作箭尾节点最早时间（ET_i）+t_{ij}。

工作名称	检查时尚需日	预计实际完成	计划最早结束(EF)	工作延误值(3)-(4)	工作进度判断	计划最迟结束(LF)	工作延误值(3)-(7)	工期影响判断	工作自由时差	紧后工作影响(5)-(10)	紧后开工影响判断
(1)	(2)	(3)	(4)	(5)	(6)	(7)	(8)	(9)	(10)	(11)	(12)
G	5	15	14	1	延误1d	15	0	max{误期}=+2 工期将拖延2d	1	0	无
H	1	11	9	2	延误2d	11	0		2	0	无
C	2	12	11	1	延误1d	11	1		0	1	推迟1d
J	3	13	10	3	延误3d	11	2		1	2	推迟2d
K	1	11	10	1	延误1d	13	-2		1	0	无

第二节 进度延误处理与计划调整

本章第一节讨论了工程进度监理中进度检查的内容。进度检查主要是了解工程进度是否发生了延误,即正在施工的各工作或分项工程的实际进度与计划进度相比有无偏差。正在施工的工作如果出现了延误,可能会影响后续工作的开工时间和工程在原规定的工期内竣工。对已发现的进度问题应如何解决是这一节的主要内容。重点在于分析产生延误的原因或责任,从而进一步阐述解决延误问题和防止延误发生应采取的措施、手段以及方法与途径。

一、工程施工过程中发生延误的原因或责任的类型

在工程项目的施工过程中,由于承包人资源调配的变化、组织管理偏差或技术上的失误以及自然界和社会的影响、设计变更等,将使工程不能按计划组织实施或者在施工过程中产生较大偏离计划的情况。除此之外,公路建设周期长、规模大、投资额巨大、涉及面广,参与建设的三方人员如协调配合不当等也会使工程进度发生延误。从延误处理的最终结果来看,延误可分为两大类。

1.非承包人的原因或责任造成的延误

非承包人原因或责任引起的延误大体上可归纳为业主、监理工程师、自然界、社会这四种原因或责任,参见FIDIC条款中的第44条。具体内容如下。

(1)由于工程变更引起额外或附加的工作量,如土石方数量增多,如土石比例发生变化,管涵和通道数量增加,涵洞改桥梁,平交改立交等。由于工程量的变化或性质改变使原定的施工时间无法完成相应位置的工程,造成进度延误。

(2)业主未能及时按照监理工程师已审批的进度计划提交施工现场和通道,从而使工程进度延误。通俗的说法就是征地拆迁不及时。

(3)业主或监理工程师未能按照已审批的进度计划或合同要求,在规定时间内向承包人提供施工所需的图纸或指令,致使工程进度发生延误。

(4)业主承担的风险导致工程损害,使工程进度延误,例如战争、自然灾害等。

(5)监理工程师由于业主的原因或其他非承包人违约等原因而下令暂停工程施工,使全部工程或部分工程中断或暂停,从而影响工程进度(

(6)异常恶劣的气候条件所引起的工程进度延误(合同专用条款中要定义"恶劣")。

(7)业主违约,不及时支付给承包人工程费用,致使承包人因资金不足而影响工程进度。

(8)除承包人自身应承担责任之外的其他原因。

2.由于承包人自身的原因或责任造成的延误

除了上述提及的这些原因或责任之外,由于承包人自身管理问题和技术问题造成工程进度延误,例如人、机、料的配置不当进度缓慢,质量不合格而返工等。

二、工程施工延误的处理和防范

监理工程师在进度监理过程中,若发现有较大延误的事件,应认真处理好这些延误事件。处理延误事件,首先可采用本章第一节所论述的进度检查方法判断其延误是否造成误期影响,工期将拖延多少。对于无误期影响的延误事件一般无需处理,但对延误较大虽然还未造成误期影响的准关键工作(即已接近关键工作的工作)要极为关注。其次应通过现场记录和有关文件或资料分析这些延误事件的原因或责任,如图6-8所示。由于延误原因或责任有两类,与之相对应的也有两种不同的处理方式。

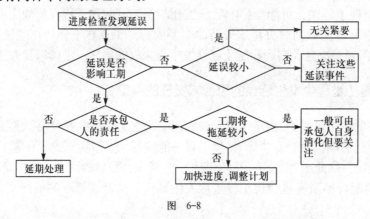

图 6-8

1.承包人自身原因或责任的延误引起误期影响的处理

(1) 工期拖延影响不大的处理

承包人自身原因的延误引起工期拖延不大,没有超过一定百分比时,承包人一般可通过加强内部管理来自身消化。作为监理工程师应及时提醒或告诫承包人延误工期将要给予业主费用赔偿(误期损失赔偿金),以提高承包人如期完成工程的自觉性,促使承包人自觉加强内部管理、优化资源调配,在后续的施工中抢回失去的时间

(2)工期影响较大的处理

从进度计划的检查,反映出承包人自身原因的延误所引起工期拖延的影响较大,达到或超过危险的百分比时,监理工程师可根据合同规定的程序和权力采用以下两种处理方法。

①加快工程进度调整进度计划

对总体工程进度起控制作用的分项工程的实际工程进度明显滞后于计划进度,且承包人未获得延期批准时,监理工程师必须签发监理指令,要求承包人采取措施加快工程进度,需要调整进度计划的,调整后的工程进度计划必须报监理工程师重新审核[《公路工程施工监理规范》(JTG G10—2006)(以下简称《规范》)5.5.5 计划调整 1]。监理工程师应从工地掌握第一手资料,以便对承包人提供的加快进度措施进行审批。批准时应注意以下事项:

a. 只要承包人提出的加快工程进度的措施符合施工程序并能确保工程质量,监理工程师应予以批准;

b. 因采取加快工程进度措施而增加的施工费用应由承包人自负;

c. 因增加夜间施工或法定节假日施工而涉及业主的附加监督管理(包括监理)费用,应由承包人负担,费用数额及支付方式由业主、监理工程师及承包人协商确定。

由于承包人自身原因造成工程进度延误,在监理工程师签发监理指令后承包人未有明显改进,致使合同工程在合同工期内难以完成时,监理工程师应及时向业主提交书面报告,并按合同规定处理(《规范》5.5.5 计划调整 3)。

调整进度计划是承包人的任务,具体方法和措施将在本节最后部分计划调整中阐述。当承包人无视监理工程师对过于缓慢进度而发出的警告并置之不理时,可按照合同规定采取相应的制约手段。

②监理工程师控制进度对承包人制约的手段

a. 误期赔偿费

误期赔偿费是合同竣工时间已到时,承包人未能按时竣工而对其的处理。按照 FIDIC 合同条件第 47 条规定,如果承包人未能按期竣工,则向业主支付标书附件中规定金额的误期赔偿费。目前大部分工程按每拖延工期一天赔合同总价的 0.05%,累计不超过合同总价的 10% 赔付。

b. 建议终止对承包人的雇佣(即解除合同)

为了保证合同工期,FIDIC 合同条件第 63 条规定,如果承包人严重违反合同,而不采取补救措施,经监理工程师证实后,业主有权终止对承包人的雇佣。例如承包人接到开工令后,无正当理由却推迟开工,或在施工过程中无任何延期理由却进度过于缓慢又无视监理工程师的书面警告等。这些都属于严重违约,有可能终止对其雇佣。终止雇佣是承包人对其违约行为所承担的最严重的违约责任。因为一旦业主终止对承包人的雇佣,承包人不但要被驱逐出施工现场,而且按照合同规定现场的机械设备和材料应留下作为业主损失的赔偿,如果不足以赔偿则将履约担保作为赔偿,再不够时,就作为承包人对业主的债务。

(3)进度过于缓慢又无视警告而驱逐承包人的事例

①工程概况

世界银行在东南亚××国的工程,建造 75km 干线公路。投标价 1 500 万美元。工程数量:挖方 220 万 m^3,填方 170 万 m^3。砾石底基层,碎石基层,双层表面处治,桥梁 7 座,涵洞 185 道,工期 30 个月。

②工程历史

a. 工程开始时进度缓慢,原因是承包人急于得标,准备工作不充分,机械设备进场太慢,施工管理不善。

b. 从 12~16 个月,计划进度为合同价 35%,实际进度为 8%。监理工程师发出了进度不符合要求的通知。而承包人提交了一份需推迟 6 个月竣工的修改后进度计划，其主要措施是增加机械和人工。

c. 施工到 21 个月，计划进度为 40%，实际进度为 16%。监理工程师极不满意，承包人提交第二次修改的工程进度计划。其主要措施是：
- 由海外银行提供 100 万美元的信用贷款；
- 增加机械设备将在短期内运到；
- 需要由承包人国内派来的 400 名熟练工人，100 名已到达，其余人员近期到达；
- 已经有步骤地开始组织集料生产；
- 土方、底基层和涵洞工程的分包人已被安排妥当；
- 承包人要求将竣工时间推迟 10 个月，并承担误期赔偿费。

d. 工程施工到第 25 个月时，按第二次修改后的进度计划，计划进度为 34%，而实际进度为 19%。监理工程师向业主证实承包人没有履行合同义务的能力，要求业主按 FIDIC 合同条件第 63 条规定将承包人驱逐出工地。

e. 承包人对驱逐通知作出答复，认为不能引用 FIDIC 合同条件第 63 条的理由是：
- 更多的分包合同正在被安排；
- 工地的管理已经整顿和加强；
- 机械备用零件情况将很快解决；
- 呈交第三次修改工程进度计划，要求竣工时间推迟 15 个月，并愿意承担误期赔偿费。

f. 施工到第 28 个月，工程实际进度仅完成 21%。监理工程师否定承包人的上述答复，理由如下：
- 承包人已多次未能遵守提出和修改的进度计划；
- 更进一步的分包合同并没有落实；
- 机械备用零件缺乏问题仍然很尖锐；
- 工地的管理工作仍未能改变进度缓慢的状况；
- 柴油、水泥、钢筋供应常有中断；
- 基层集料仍未进行生产。

g. 施工到第 30 个月，实际进度仅为 24%。此时承包人递交了数个索赔申请报告，节外生枝地提出以下几点主要理由：
- 监理工程师未能将权力适当授予驻地监理工程师；
- 监理工程师下达的开工令不合法，合同并不生效；
- 监理工程师把松软岩石错误地当作土壤支付；
- 监理工程师证明违反合同的有关事宜不正确；
- 监理工程师错误地处理分包合同，导致工程进度受阻；
- 监理工程师低估了土方数量；
- 监理工程师对应支付的款项没有发出付款证明。

总而言之，承包人认为工程进度达不到合同要求是监理工程师的过失和责任，要求将问题提交仲裁。

③仲裁决定驱逐承包人

施工到第36个月,作出仲裁决定,将承包人驱逐出工地。以后的工程施工重新选择承包人修订新合同,新承包人从第40个月开始到第64个月为止完成工程。业主终于在第64个月后得到竣工的公路。

从以上事例可以看出,驱逐承包人的工作量巨大,工作也是细致和不容易的。所以监理人员平时应注重进度监理,收集各方面数据并做好记录,才能有足够有力的证据。

2. 非承包人原因或责任的延误引起误期影响的延期处理

(1) 延期(Extension of Time for Completion)

延期是指工程实施期间,监理工程师根据合同规定对工程期限的延长,即工程合同工期的顺延。它是业主给承包人时间的赔偿或补偿。

(2) 延期的审批原则

延期直接影响到业主投资效益的发挥,使业主多承担了投资所付出的利息,推迟了项目运行的资金回收。但是对于非承包人责任的延误所引起的工期拖延,即工程不能按原定工期完工的情况,合同规定在申请手续齐备并符合合同的条件下由业主承担这部分损失,给予承包人竣工时间的顺延。延期是维护承包人正当的利益,作为监理工程师应该公正地处理工程延期。延期审批应遵循以下原则。

①符合合同规定

a. 非承包人原因或责任;

b. 符合合同规定的手续。

合同中规定,在申请延期之前承包人必须提交意向通知书和详情报告,这一手续体现了公平合理的原则,既考虑了承包人的利益,也考虑了业主的利益。有了这道手续就可使业主避免损失扩大。定期提交事件发生的详情报告是确定延期天数的依据,同时便于监理工程师和业主了解事情的经过,以利于采取措施,减少损失。

②延误的事件应发生在关键线路上,即延误会造成工期拖延

工作的延误不一定会造成工期拖延,如果非关键工作的延误没有超过其总时差,工程的工期就不拖延,不需考虑给予延期;只有非承包人责任造成工期拖延的延误才能延期(关键工作或者超总时差的非关键工作)。延误发生在关键线路上,则一定造成工期拖延,因此我们常常强调延误必须在关键线路上是延期的重要条件。如果延误的事件是非关键工作并且延误未超过其总时差,即使符合合同规定的原因和理由也不需批准延期。

应注意关键线路是相对的,不是绝对的。工程项目或合同段工程的关键线路并非固定不变,它随着工程的进展和情况的变化会变化或转移,原来的关键会变成不关键,原来的不关键会变成关键(超总时差的非关键工作,关键线路也随之改变)。因此,我们关注关键线路的同时,还应该注意准关键线路上非关键工作的延误,这些延误事件容易转变成关键工作。所以监理人员应经常检查和跟踪进度情况,随时了解进度计划变化情况,为公正地处理延期提供依据。

③符合实际情况

批准延期必须符合实际情况。为此,承包人应对可获延期事件发生后的各类有关细节进行详细记载,并及时向监理工程师提交详情报告。与此同时,监理工程师也应对施工现场进行

详细考察和分析,并做好有关记录,从而为合理确定延期天数提供可靠依据。有时候,综合各方面的影响,承包人的损害要折减,此时应注意结合实际情况处理。

3. 延误的防范

(1)承包人原因的延误防范

①加强组织管理,理顺承包人的内部管理体系,避免内部各部门、各作业队的扯皮推诿;强化统一领导统一指挥。

②编制进度计划时,应留有一定的余地,应考虑正常情况下气候原因对施工的影响。

③施工设备种类、型号、数量的配置应满足工期的要求,加强设备的维护和修理,增强维修人员的责任意识,提高设备的完好率,以适应施工的需求。

④认真编制材料供应计划。对材料的供应,时间上要有一定的提前量,数量上要有一定的储备;对供货单位要认真调查其材料的品质、生产能力、供货方式,以保证材料的及时供应以及符合质量要求。

⑤施工人员的安排应合理,以满足施工需要。

⑥加强质量和安全管理,避免因质量返工和危及安全的事件发生而停工,从而造成施工进度的延误。

⑦加强对分包工程的管理,避免分包工程的过失影响总体工程进度。

(2)非承包人原因的延误防范

①业主方应做好征地拆迁工作,避免造成工程的延误。这就需要得到政府领导和各部门的支持,尤其是主管领导的重视以及国土、电力、通信、当地公安、林业、镇政府部门的支持与配合。

②业主方应保证工程建设资金的及时到位,这就需要得到银行和发改委的支持,以获得贷款和政策支持,以便业主筹措到足够的资金。

③业主方应及时支付承包人的工程进度款。

④业主方应及时进行设计变更的审批或者及时敦促设计方尽快完成施工图设计的图纸和重大设计变更的变更图纸。

⑤监理方应及时回复或审批承包人的各种申请、计划、报告和措施等,及时发布所需的指示,避免造成施工的延误。

⑥监理方应及时进行工程变更的审核,以便业主及时审批工程变更。

⑦监理方应及时进行中期计量和支付的审核,以便业主及时支付。

⑧监理方应及时进行质量的检查,以便尽快、及时进行后续工序的施工。

⑨监理方应认真、全面熟悉合同,及时下达工程开工令和批复分项工程开工报告,以便工程或分项工程的及时开工。

三、延期的审批程序

审批延期应遵循延期审批程序,包括受理延期的条件、受理延期的程序。

1. 受理延期的条件

(1)由于非承包人的责任,工程不能按原定工期完工。

(2)可获延期的情况发生后,承包人在合同规定期限内向监理工程师提交工程延期的意向通知书。

(3)承包人承诺继续按合同规定向监理工程师提交有关造成工期拖延的详细资料,并根据监理工程师需求随时提供有关证明。

(4)可获延期的事件终止后,承包人在合同规定的期限内,向监理工程师提交正式的延期申请报告。

2. 受理延期的程序

(1)收集资料,做好记录

监理工程师应在收到承包人工程延期意向通知书后,做好工地实际情况调查和日常记录,收集来自现场以外的各种文件资料与信息。

(2)审查承包人的延期申请

①延期申请格式应满足监理工程师的要求。

②延期申请应列明延期的细目及编号,阐明事件发生、发展的原因以及申请延期所依据的合同条款,附有延期测算方法及测算细节和延期应涉及的有关证明、文件、资料、图纸等。

审查通过后,可开始下一步的评估,否则监理工程师应将申请退回承包人。

(3)延期评估

应主要从以下几个方面进行评定:

①承包人提交的申请资料必须真实、齐全,满足评审需要。

②申请延期的合同依据必须准确。

③申请延期的理由必须正确与充分。

④申请延期天数的计算原则与方法应恰当。

监理工程师应根据现场记录和有关资料,进行修订并就修订的结果与业主和承包人进行协商。

(4)审查报告

审查报告主要由以下文件组成。

①正文

受理承包人延期申请的工作日期;工程简况;确认的延期理由及合同依据;经调查、讨论、协商、确认的延期测算方法及由此确认的延期天数、结论等。

②附件

a. 监理人员对延期的评论。

b. 承包人的延期申请,包括涉及的文件、资料、证明等。

(5)确定延期

监理工程师应在确认其结论之后,签发《索赔时间/金额审批表》,主要是对时间部分的审批。

可获延期的事件就是非承包人的责任将使工程不能按原定工期完工的事件。延期审批程序的其他内容详见《合同管理》中有关内容。

四、延期天数的确定与延期审批示例

确定延期天数的多少主要是依据现场的情况和记录的数据,核实出延误的数值,并与计划数据比较计算出延误工期的数值。计算工期拖延量方法参见进度检查中的有关内容。延期时间值一般等于工期拖延量,但实际情况是复杂的,结合实际数据和现场记录情况综合分析考虑后往往有一定折减,这体现了符合实际情况的原则。可参考以下延期审批事例中几种延期时间的确定方法。

1. 京津塘高速公路×合同段路基土方进度延误的延期审批示例

(1) 承包人延期申请报告的主要内容

① 承包人 1990 年 4 月 30 日提交了最终延期申请报告。在此之前已三次提交了延期申请。

② 延期的根据和理由:

根据工程开工时审批的进度计划,全部路基土方应于 1988 年 6 月底完成。由于业主负责的取土坑未能交由承包人自挖自运填筑,改为依照地方政府政策的规定由业主牵头,当地农民包挖包运供应路基土方。根据承包人与当地政府签订的土方协议,全部路基土方于 1988 年 12 月底完成,迫使承包人根据土方协议第一次调整计划将路基土方改为 1988 年底完成。但到 1988 年底实际只完成全部路基土方的 44.6%,因此又第二次调整计划,将土方完成预计为 1989 年 6 月底。到了 1989 年 6 月底时,实际土方量才完成 61.8%,尚差 127 万 m^3 土方未上路基,此时土方虽未全部完成,但有部分地段已达到路基高程,7 月份开始了底基层施工。根据开工时已审批的进度计划,主线的路基土方位于关键线路上,延误 12 个月,要求延长工期 12 个月。

(2) 监理工程师的审批正文

① 标题

京津塘高速公路×合同段关于第×号延期申请
(1988 年 6 月~1989 年 7 月)的检查报告

② 根据

根据 1989 年 11 月 20 日(89)101 号文,总监代表处建议成立工作组以评价延期和索赔,并对其作出推荐。××段高级驻地办公室以 11 月 27 日(89)高监字第 54 号函负责任命该办公室为×、×、×号合同段延期索赔小组代表。

延期索赔小组向总监代表处及×段高级驻地办公室提供其调查结果和推荐。这些单位然后按照已建立的步骤处理该项延期索赔。

③ 成员(略)

④ 时间

承包人于 1988 年 10 月提出了第 1 号延期意向通知书,1990 年 5 月 19 日提出了第 1 号延期的申请报告。检查小组于 1990 年 5 月 21 日召开了首次会议。

⑤ 调查结果

a. 根据合同文件——技术规范 210 条,取土场应由业主与取土场主进行商议解决,但由于

地方政府规定,业主没能为承包人提供取土场,而采取了由当地农民供土的方法,造成了承包人无法控制路基土方的施工进度。因此,根据合同条款第44条,同意接受本项延期申请。

b. 根据附录1——京津塘高速公路×段土方协议书第1款第13条规定:路基土方由当地农民在1988年12月底以前完成。但到1988年10月份,农民仅完成土方约25%,审查小组认为,如果农民按协议完成运土工作(即1988年12月底完成),承包人最迟在1988年10月1日开始底基层施工,因此延期时间的起算日应当为1988年10月1日开始。

c. 根据承包人的施工计划和实际完成工程情况——1989年6月份,路基土方已完成70%左右,工程师的记录(附录2)说明由于农民上土十分分散,直到1989年7月19日前承包人无法进行底基层施工。因此由于农民上土影响工期的终止时间为1989年7月19日。

d. 根据以上情况,本项延期时间共计293d,即土方上土缓慢而影响底基层关键工作的时间为1988年10月1日到1989年7月19日,共延误293d,在关键线路上。

e. 应当提出,本审查意见系根据合同条款第44条批准了延期,但并不意味着同意费用索赔。

(3)附录

①附录1,京津塘高速公路×段土方协议书。

②附录2,驻地工程师的记录——对基层施工日期的说明。

③附录3,×合同段第1号延长工期申请书(其中有申请报告、计划、计算延期天数的方法等)。

2. 业主不能及时提供现场的延期审批

某工程在监理工程师发出开工通知书之前,业主已与当地政府解决了公路用地和拆迁问题,并就此通知承包人进场。但在承包人进入工地开始施工时,当地群众由于种种原因阻拦承包人的施工,要求增加土地赔偿费,迫使停工达44d之久,业主再次与当地政府协商后同意适当增加赔偿费,工程才得以施工。监理工程师在受理承包人延期申请时认为按照合同规定应依据第44条给予延期,但考虑到整个合同段承包人有4个土方施工队,虽然土方工程在关键线路上,但受阻的工程仅在一个土方队地段,停工的影响通过人员和设备的内部调整可消化一大部分,最终的损失要减少。所以延期的天数作适当的、简单的折减,44d/4=11d。

这个例子说明延期天数确定不仅要考虑关键线路影响44d,还应考虑工地的实际情况,如何减少延误造成损失。所以确定延期天数不仅仅要参考计划,还要根据实际情况进行分析处理。

3. 异常恶劣气候条件的延期审批

(1)异常恶劣气候条件的确定。

一般在FIDIC专用条件中要明确恶劣气候的定义。例如某公路工程项目,在专用条件第44条中规定:异常恶劣气候条件引起工程进度延误,是指承包人提供的资料能够说明任何一个月的气候条件比当地气象部门20年统计资料所表明5年一遇的平均气候条件更为恶劣而引起的延误。

(2)异常恶劣气候的延误是影响整个工地,自然是在关键线路上会影响工期。

(3)在确定延期天数时,监理工程师考虑恶劣气候对工程影响的同时,还将考虑同期或其他月份异常良好气候对异常恶劣气候的抵消和弥补。异常气候在每个月对工程进度影响的确定应在整个工程的合同工期内予以累计。

(4)事例计算。

某公路工程的合同工期为24个月。由于降雨天数过多,使承包人的工程进度出现延误,承包人提出延期申请并提交了降雨记录资料和当地气候部门20年的雨量记录,经统计计算并按5年一遇频率计算出每月异常恶劣的天数,汇总资料如表6-2所示。

表6-2

年份	月份	实际5mm降雨天数	20年统计的5年一遇的天然	意外降雨天数	年份	月份	实际5mm降雨天数	20年统计的5年一遇的天然	意外降雨天数
1986	1	—	—		1987	1	—	—	
	2	—	—			2	—	—	
	3	3	3	0		3	4	3	1
	4	5	5	0		4	6	5	1
	5	7	6	1		5	8	6	2
	6	10	9	1		6	11	9	2
	7	15	14	1		7	16	4	2
	8	16	13	3		8	17	13	4
	9	20	16	4		9	19	16	3
	10	7	8	1		10	9	8	1
	11	2	3	-1		11	4	3	1
	12	—	—			12	—	—	
总计									25

考虑到实际施工中下雨后需晾晒情况(下雨一天,晾晒半天)。总计延期天数 = 25 + 12.5 = 37.5(d)。监理工程师评定了承包人提交的资料后批准延期38d。

4. 工程变更引起工程延期的审批事例

京津塘高速公路×合同段工程变更引起工程延期的审批过程,突出反映了这类延期的难点在于确定延期时间。一方面要确定变更后的工程开工时间,另一方面要确定变更工程这部分的工期值,最终综合比较分析算出延期天数。

某工程由于工程变更而受影响的三大部分为顶进桥、跨线桥和U形槽,各落在三个平行施工的计划线路上。承包人于1990年5月7日提交了工程延期申请。监理工程师组成的索赔小组于1990年6月9日开会受理延期申请。以下是监理审批意见和承包人延期申请的主要内容。

(1)承包人延期申请的主要内容

①因工程变更较大,设计图纸不能及时提供,根据合同条款第44条和第6.4条规定要求给予工程延期。

②对恢复施工起始日期的确定。

监理工程师下文以1989年9月12日作为该段工程恢复施工的起始日期,承包人认为有些不妥。因为9月12日为交图纸日期,我方人员收到图纸后尚需时间熟悉,制订施工方案,编制计划,做好施工准备方可恢复施工,这大约需要25d。所以承包人认为的工期起算日应定为1989年10月6日比较合适。

③变更工程合理工期的确定

我们根据《全国市政工程施工工期定额》(试行)对该工程的合理工期进行了计算,其结果顶进桥为424d,跨线桥为605d,U形槽为756d(详细计算此处略去,可参见《京津塘高速公路工程监理》一书)。

④工程变更和推迟交图的工程延期

由于变更工程较大,交图时间较晚,所以这段工程成为关键线路。按照其网络计划最后完工日期为1991年12月23日,要求延期523d。

(2)监理工程师的审批意见

①根据承包人提供的证明材料和驻地监理工程师的现场记录,业主提出的工程变更的技术标准和工程规模均超过原设计要求,施工期因此大大超过原设计方案。工程内容和数量的变更是工期延误的原因,并且业主在承包人进场后通过监理工程师通知承包人"该段由于重大变更不得施工"。因此,按照合同规定应根据实际情况给予延期补偿。从图纸交付给承包人,监理批准该项工程开工报告之日起计算本工程延期。

②开工时间的确定

监理工程师小组认为,该段最后提供的平面总体施工图为1989年9月12日,其他图纸均从1989年6月1日起陆续提供,并没有影响独立项目的开工,并根据驻地监理工程师批准的开工报告及实际工程进度的资料记载:

顶进桥1989年6月23日即开始进行土方开挖,井点降水工作;

跨线桥1989年8月1日即开始进行灌注桩工作;

U形槽1989年8月1日即开始土方开挖及井点降水。

因此,小组认为监理工程师最后提供图纸日期(1989年9月12日)作为该段正式恢复施工的起算日期是合适的,承包人的理由不充分,不能接受。

③延期时间的确定

a. 变更工程的工期测算

承包人进行工期测算的依据是中华人民共和国建设部颁布的《全国市政工程施工工期定额》(以下简称《工期定额》)。小组认为,采用《工期定额》的测算有较高的权威性和合法性,因此该测算方法可以被采纳。

b. 该段工程的关键线路

承包人制订的进度网络计划中反映U形槽工程与部分路面工程为关键线路,小组认为是切合实际的。

c. 变更工程的工期测算

根据《工期定额》规定,工期 = 基本工期 + 附加工期。

·基本工期

小组认为在《工期定额》中找不到U形槽的定额,采用方沟定额代换计算的方法可以接受,但计算结果不能被接受。小组计算的结果改为1.47的代换系数。根据方沟的定额工期查表为237d,U形槽的基本工期 = 237×1.47 = 349(d)。

·附加工期

施工排水工期应予以补偿,补偿系数定为0.39(0.58的2/3比较适宜)。附加施工排水工期 = 349×0.39 = 136(d)。

冬季雨季工期,根据实际工程经过2个冬季,1个雨季。小组认为每个冬季补偿1个月,每个雨季补偿15d是合适的。冬雨季工期 = 30 + 30 + 15 = 75(d)。

·U形槽工期

$$349 + 136 + 75 = 560(d)$$

·关键线路的工期

考虑到U形槽工期为560(d)后,从进度计划网络图中反映,跨线桥也可能是关键线路。故小组对跨线桥工期也进行了评估。评估结果跨线桥为484d,少于U形槽。所以关键线路不变。考虑到关键线路上还有部分路面施工的工作需30d,所以该段工程总共工期 = 560 + 30 = 590(d)。

d. 延期确定

该段工程共需工期590d。

从1989年9月12日起计算工期,至1991年4月24日止(共590d)。合同工期从1990年6月23日延至1991年4月24日,共延期305d。该段工程竣工日期确定为1991年4月24日。

5. 同一进度计划中两次延期事件的延期审批

以图6-7进度计划为例。如果属非承包人的责任使B工作第10天晚上才完工,则第一次监理工程师批准承包人10 - 7 = 3d 延期申请。在后续施工中由于非承包人原因造成J工作不能及时开工,直到第13天早晨(即第12天后)才开工。承包人第二次提出延期申请5d(预计实际完工 - LF = 12 + 4 - 11 = 5)。监理工程师认为第二次延期应扣除第一次的影响,第二次应批 5 - 3 = 2d,两次累计延期 3 + 2 = 5d。

如何理解第二次应扣除第一次延期影响呢?延期值主要是依据延误将造成工程工期比计划拖延多少来确定。第一次B工作在关键线路上延误3d,应批3d延期。第二次J工作是非关键工作延误了6d[12(实际开工) - 6(ES)],J工作有1d总时差,所以将影响工期5d(延误 - 总时差 = 6 - 1 = 5)与承包人计算相同。但这6d的延误和5d误期都是相对于原定工期为15d的计划而言的,由于第一次已延期3d,第一次延期后的合同工期 = 15 + 3 = 18d,第二次J工作6d的延误只造成原定15d工期5d的拖延,因此按道理工期应该顺延到 15 + 5 = 20d,第二次新增加工期时间 = (15 + 5) - (15 + 3) = 5 - 3 = 2d,所以第二次只需批2d延期。

以上例子有助于我们正确理解延期时间的确定。如果相对于修改后计划计算出的时间就不需扣除,具体情况应具体分析。

五、进度计划的调整

在公路施工过程中,工期长,涉及面广,受外界干扰较大,不可避免地会出现偏差。如果偏差不大,基本上与计划相符,特别是关键线路上的实际进度与计划进度基本相符时,监理工程师不应干预承包人对进度计划的执行,但应及时掌握影响和妨碍工程进展的不利因素,促使工程按计划进行。监理工程师发现工程现场的组织安排、施工顺序或人力和设备与进度计划上的方案有较大不一致时,应要求承包人对原工程进度计划及现金流动计划予以调整,调整后的工程进度计划应符合工程现场实际,并应保证满足合同工期的要求。

调整工程进度计划,主要是调整关键线路上的施工安排;对于非关键工作,如果实际进度与计划进度的差距并不对工程的工期造成不利影响时,监理工程师可不必要求承包人对整个工程进度计划进行调整。

业主或承包人提出对工程进度进行重大调整时,应按合同或签订的补充合同执行(《公路工程施工监理规范》(JTG G10—2006)5.5.5 计划调整 4)。

1. 调整进度计划的原因

承包人对进度计划进行调整主要是由于两种情况而引起。

(1)进度计划的延期

承包人获得延期批准后,监理工程师应要求承包人根据延期批复调整工程进度计划。调整后的工程进度计划应报监理工程师审批(《公路工程施工监理规范》(JTG G10—2006)5.5.5计划调整2)。例如前面工程变更批准延期后应调整进度计划。

(2)进度计划的拖延

由于承包人自身原因造成工程进度延误,而且承包人拒绝接受监理工程师加快工程进度的指令,或虽采取了加快工程进度的措施,但仍然不能赶上预期的工程进度并将使工程在合同工期内难以完成时,监理工程师应对承包人的施工能力重新进行审查和评价,并应该发出书面通知,要求承包人调整计划或发出书面警告,同时向业主提出书面报告。

2. 进度计划调整的方法

进度计划的调整,根据调整的原因分为两种,一是延期后应按新合同工期调整计划;二是延误了工期却又无权获得延期,因此需要调整计划使后续计划的工作内容改变或缩短时间以符合合同工期。前一种相当于在给定的工期内以原来计划为参考重新编制符合新合同工期的计划;后一种是在原计划的基础上压缩工期,使计划的计算工期符合合同工期。我们在此主要讨论后一种压缩工期的方法和途径。压缩工期就是网络计划优化中的工期优化,就是压缩关键线路,所以调整计划就是调整关键线路。

(1)压缩工期的两种主要途径与方法

①改变原计划中关键工作之间的逻辑关系

工作之间的逻辑关系有工艺关系和组织关系,一般情况下工作之间的工艺关系不能随意改变,而组织关系可根据组织者的意图和资源情况调整和改变。

a. 将顺序施工关系改为平行施工关系;
b. 将顺序施工关系改为搭接施工关系。

②压缩关键工作的持续时间

压缩关键工作的持续时间就能使关键线路缩短,但要注意压缩过程中关键线路会随着压缩关键工作而改变或增加条数。通过网络图直接进行压缩工期很方便,在压缩时首先要考虑的是,要选择哪个关键工作进行压缩并且应压缩多少才合适。可以从以下几个方面考虑。

a. 选择有利于尽快缩短工期的关键工作;

b. 选择因加快进度使工程费用增加较少的关键工作；

c. 选择技术上容易加快的关键工作；

d. 选择原持续时间相对较长的容易压缩的关键工作；

e. 选择可允许压缩时间较多的关键工作。

(2) 压缩关键工作持续时间的措施

① 组织措施

a. 增加工作面，组织更多的施工队伍；

b. 增加每天的施工时间(多班制或加班)；

c. 增加关键工作的资源投入(劳力、设备等)。

② 技术措施

a. 改进施工工艺和技术，缩短工艺技术间歇时间(如使用混凝土早强剂等)；

b. 采用更先进的施工方法以缩短施工过程的时间(如将现浇方案改为预制装配)；

c. 采用先进的施工机械。

③ 经济措施或行政措施

a. 用物质刺激和精神刺激的方法提高效率；

b. 对所采取的技术措施给予相应经济补偿。

④ 其他配套措施

a. 改善外部配套条件；

b. 改善劳动条件；

c. 实施强有力的调度等。

一般来说，采用加快措施都会增加工程费用。因此在调整施工进度计划时可利用工期—费用优化的原理来选择压缩的关键工作，尽可能使工程费用增加最少。

(3) 调整计划压缩工期的步骤

① 用进度检查的方法计算出工期拖延量，以确定压缩天数。

② 化简网络图。去掉已执行的部分，以进度检查日期作为新起始节点起算时间，并将尚需日的实际数据代入正施工的工作的持续时间。保留原计划后续部分。

③ 以简化的网络图及代入的尚需日为基础的网络图计算各工作最早开始时间。

④ 以计算工期值反向计算各工作最迟结束时间。

⑤ 计算各工作的总时差和局部时差(自由时差)，以便于计算线路的长短。线路与关键线路长度之差称为该线路时差，其数值在双代号网络图中等于该线路上各工作的所有局部时差和。

⑥ 借助局部时差(自由时差)来比较线路长短的方法，多次压缩关键工作的持续时间，保证做到关键工作每压缩一定值，工期也随之缩短一定值，一直压缩到合同工期为止。

(4) 压缩工期示例

某工程计划如图6-9所示，合同工期51d，在第20天晚上检查，正在施工的这些工作的尚需日估算值在图的[ ]中，请调整进度计划以符合合同工期。

① 检查进度情况，工程如不调整计划工期将拖延(20+6)-21=5d。

② 化简网络图见图6-10，并计算出各节点时间参数和工作的时差。

③用线路比较法压缩工程的工期,调整结果如表6-3所示。

a. 选关键线路上持续时间较大值的工作(3,4)和工作(7,8)。

b. 分析这两个关键工作压缩后的影响,(3,4)工作的压缩不能超过3d,如果超过3d,那么计算的工期也只能缩短3d,从②—⑥—⑦—⑧—⑨线路时差可得出此结论。(7,8)工作的压缩最多不超过7d,可从②—③—⑨线路时差上看出。

c. 虽然(7,8)工作一次压缩5d,就可压缩到合同工期。但压缩相对量过大,接近50%。所以我们选择(3,4)工作压缩3d。这时②—⑥—⑦线路也成为关键(共两条)线路。接着选择(7,8)工作压缩2d。此时计划工期已缩短到51d,符合合同工期,见表6-3。

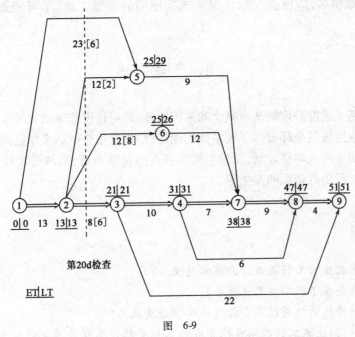

图 6-9

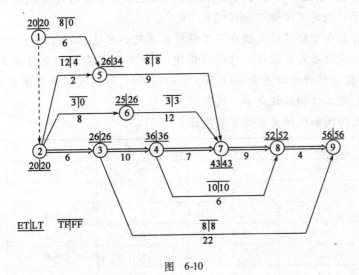

图 6-10

表 6-3

压缩方案	工期	压缩天数	剩下的天数	备 注
不调整	56	0		
压缩(3,4)	53	3	7	②—⑥—⑦成为关键
压缩(7,8)	51	2	7	④—⑧和③—⑨工作时差减少为 8︱8，3︱3

压缩工期，如不限制所选择的关键工作进行压缩，则会出现工期目标相同，但压缩结果不唯一。压缩工期的方法是给我们调整计划的一种启示。要调整好一个实际工程的计划远比这复杂和困难得多，应根据实际情况来选择压缩的关键工作，尽可能做到经济、合理、可行。

小　　结

本章主要介绍了进度监理的基本概念和系统原理，并对进度监理四大环节中的实施记录、检查与分析及采取措施三个环节作了较系统的论述；对进度检查的结果作出两种延误处理：一是要求承包人加快进度或调整计划，二是审批承包人的延期申请；强调进度计划调整的原因、方法和措施以及如何防范延误的发生等。

思　考　题

1. 工程进度表在反映工程进度方面有哪些优点？
2. 通过进度检查要了解哪些具体结果？
3. 实际进度前锋线的作用以及它能反映哪些进度状况？
4. 进度检查时，用已施工的时间或已完成的工程量标定实际进度可以任意使用无限制条件吗？尚需日等于计划时间减施工时间吗？
5. 某非关键工作由于延误过大造成了工程项目工期的拖延，那么，此时该工作是否为非关键工作？如果在进度检查时发现该工作的延误使（总）工期拖延 30d，虽然该工作延误是非承包人的责任，由于该工作的总时差是 60d，30d 未超过 60d，所以可不批准承包人的延期申请。这种说法正确吗？该工作的延误是多少天？
6. 某工程计划时间和逻辑关系如下表所示。

工序名	紧前	时间	工序名	紧前	时间
A	G,M	3	G	B,C	2
B	H	4	H	—	5
C	—	7	I	A,L	2
D	L	3	K	F,I	2
E	C	5	L	B,C	6
F	A,E	5	M	C	3

第 10d 晚检查结果为 E[4],M[3],G[1],L[3]。评价各工序进度状况,工程进度前途如何? 如果是非承包人责任造成的以上结果,那么对于此延期申请(理论上)应批几天?

7. 以上题为例,由于非承包人的责任 H 工序第 8 天晚上才完成,第一次应批几天延期? 在后续施工的第 17d 检查发现 L 工序变更数量过大,尚需 5d 完成,第二次应批几天延期? 两次共批几天延期?

参 考 文 献

[1]《京津塘高速公路工程监理》编辑委员会.京津塘高速公路工程监理[M].西安:陕西科学技术出版社,1993.

[2] 中华人民共和国交通运输部.公路工程标准施工招标文件(2009年版)[S].北京:人民交通出版社,2009.

[3] 交通公路工程定额站.公路工程概算定额(JTG/T B06-01—2007)[S].北京:人民交通出版社,2007.

[4] 交通公路工程定额站.公路工程预算定额(上下)(JTG/T B06-02—2007)[S].北京:人民交通出版社,2007.

[5] FIDIC 施工合同条件(1999年第一版).

[6] (英)托特蒂尔.FIDIC用户指南1999年版红皮书和黄皮书实用指南.崔军译.北京:机械工业出版社,2009.

[7] 中华人民共和国交通行业标准.公路工程施工监理规范(JTG G10—2006)[S].北京:人民交通出版社,2006.

[8] 周伟,王选仓.道路经济与管理[M].北京:人民交通出版社,1998.

[9] 浦再明.网络法基本原理及其应用[M].北京:金盾出版社,1995.

[10] 廖正环.道路施工组织与管理[M].北京:人民交通出版社,1990.

[11] 邬晓光.桥梁施工及组织管理(第2版)[M].北京:人民交通出版社,2008.